성결교회 이단판정 규범집 ⸺⸺⸺⸺⸺

이단판정과
해제 매뉴얼

A Manual of the Judgement on Heresies

이단사이비대책위원회 편

기독교대한성결교회

이단 판정과 해제 매뉴얼

발행일 _ 1판 1쇄 2017년 5월 20일
발행인 _ 김진호
지은이 _ 이단사이비대책위원회 편
편집인 _ 송우진
책임편집 _ 전영욱
기획/ 편집 _ 강영아 장주한
디자인/일러스트 _ 권미경 오인표
마케팅/ 홍보 _ 황성현
행정지원 _ 조미정 신문섭

펴낸곳 _ 기독교대한성결교회 출판부
서울시 강남구 테헤란로 64길 17(대치동)

대표전화 TEL (02) 3459-1051~2/ FAX (02) 3459-1070
홈페이지 http://www.eholynet.org, http://www.ibcm.kr
등록/ 1962년 9월 21일 등록번호/ 제16-21호
ISBN 978-89-7591-335-8 03230
가격 10,000원

성결교회 이단판정 규범집

이단판정과 해제 매뉴얼

A Manual of the Judgement on Heresies

이단사이비대책위원회 편

머리글

이단문제는 초대교회로부터 목회의 주요 책무이었습니다. 한국교회도 역시 이단에 맞서 정통교리를 수호하고, 성도들을 건전한 신앙생활로 이끌어 교회의 일치와 순결을 유지하도록 힘써야 할 것입니다.

우리가 이단대처에 힘쓰다가 어느 때에는 복음전도 활동이나 대외 이미지를 형성하는데 있어서 뜻밖의 장애물들을 만날 수도 있습니다. 일반 사회는 외적으로 드러난 현상만 보기 때문에 정통교회와 새로운 분파 사이의 내분 정도로만 이해할 수 있습니다. 더구나, 요즘 한국교회에 대한 이미지가 추락하여 부정적인 인식이 널리 퍼져 있으므로 이단은 이런 환경을 틈타 인터넷 댓글이나 SNS를 통해 전략적으로 정통교회를 공격하고 자신들을 홍보하면서 교회의 권위에 치명타를 입히고 젊은 세대를 감성적으로 미혹하고 있습니다. 무엇보다도 이단과의 싸움은 영적 싸움이므로 한국교회는 영리하고도 강력한 의지를 가진 대처가 필요합니다.

이 책의 저술 동기는 세 가지입니다. 첫째, 그동안 이단판정에 대한 이해부족으로 의구심을 갖거나 판정기준 조차 없이 감정적 이단정죄를 하고 있다는 의혹을 논리적으로 해소할 목적을 가지고 저술하였습니다. 둘째, 최근 한국교회 일각에서 서둘러 이단해제를 하려는 움직임이 있어서

잠시 멈추어 깊이 성찰하기를 권고하려는 의도에서 이 책자를 계획하였습니다. 셋째, 이단을 판정하고 분별하는데 있어서 도움을 주고자 성경과 역사, 그리고 교리의 영역에 따라 항목별로 분류기호를 부여하여 기호화하였으므로 판정내용에 따라 일련번호를 만들면 사후에 그 특징을 쉽게 이해할 수 있습니다.

  마지막으로, 이 책자는 목회자나 성도들이 늘 옆에 두고 이단을 분별하고 면밀하게 점검한다면 아주 유용한 도구가 될 것으로 확신합니다. 그리고 근신하여 깨어 기도하므로 영적 싸움에서 흔들리지 않고 대처하므로 건강한 교회들이 되기를 바랍니다.

2017년 5월 10일
기독교대한성결교회 이단사이비대책위원회
위원장 김철원 목사

책자의 활용법

01 이단판정을 위한 구체적인 판단근거로는 〈4장 성경적 표준, 5장 역사적 증거, 그리고 6장 교리적 분별〉을 참고하면 입체적 시각에서 이단사이비를 분별할 수 있다.

　① 〈4장 성경적 표준〉의 내용은 구약과 신약에 언급된 이단에 관한 교훈들을 총망라하여 정리하였으므로 복음주의 입장에서 이단판정 근거로서 성경을 우선순위에 두어야 한다.

　② 〈5장 역사적 증거〉의 내용은 교리사적 입장에서 초대교회로부터 현대에 이르기까지 각종 이단들의 왜곡된 주장들과 사건들을 정리하였으므로 역사적 시각에서 이단을 분별하는데 도움을 받을 수 있다.

　③ 〈6장 교리적 분별〉의 내용은 기독교의 8가지 근본교리 주제에 따라 이단이 주장하는 교리들을 정리하여 소개하므로 정통교리에서 어긋난 내용들을 확인하는데 도움이 되도록 하였고, 성결교회의 헌법에 나타난 교리들도 함께 비교할 수 있도록 배열하였다.

02 기독교대한성결교회에 관련한 이단판정 근거자료들이 〈1장 이단의 정의, 2장 이단의 판정, 6장 교리적 분별, 7장 이단의 해제, 8장 이단판정 목록〉에 수록되어 있으므로 성결교회

목회자와 신자들이 이 책자를 통해 직접적인 도움을 받을 수 있다.

03 마지막 부분에 성결교회의 이단판정 목록과 한국교회의 이단 목록을 함께 소개하였고, 계열에 따라 이단목록을 분류하여 관리하도록 "목록분류와 관리요령"을 〈8장 이단판정 목록〉에 서 소개하였으므로 목회자와 신자들의 궁금증을 쉽게 해결할 수 있게 하였다.

04 이 책자는 이단 판정기준들을 주제에 따라 배열하였고, 항목 별로 하나씩 분류번호를 부여하여 기호화하였으므로, 이에 따라 일련번호를 만들면 사후에 그 번호를 확인하는 것만으 로도 내용을 쉽게 파악하도록 편의를 도모하였다.

목차

머리글 / 4
책자의 활용법 / 6

01 이단의 정의 ··
0101 정통과 이단 / 12
0102 용어와 범주 / 12
0103 교회사적 정의 / 14
0104 이단의 정의 / 15
0105 성결교회의 정의 / 17

02 이단의 판정 ··
0201 판단이유 / 20
0202 판단근거 / 22
0203 판정절차 / 24
0204 판정구분 / 25

03 이단의 분별 ··
0301 성경 이외에 다른 계시와 경전을 가지고 있다/ 28
0302 절대적 진리를 독점하고 있다고 주장한다/ 29
0303 정통교회와는 다른 성경해석법을 사용한다/ 30
0304 정통교회의 권위와 전통을 무시하고 다른 교리를 주장한다/ 31
0305 한국의 전통종교와 기독교신앙을 연결한 혼합주의를 주장한다/ 34
0306 특이한 신비체험을 열망하는 열광적 신비주의에 빠져 있다/ 35
0307 자신들만이 선택받아 구원을 받을 것이라는 선민의식이 있다/ 37
0308 종말의 날짜를 제시하는 시한부종말론을 주장한다/ 38
0309 경제적 이익을 탐하고 성적 비행을 자행하며 신자들을 예속시킨다/ 39
0310 권위주의적인 지도자를 신격화한다/ 41

04 성경적 표준 ··
0401 이단의 용어 / 44
0402 구약과 신약에 나타난 이단의 종류 / 46
0403 이단에 대한 성경의 경고 / 56
0404 이단의 판정 기준 / 58

05 역사적 증거 ··
0501 역사에 나타난 성경론의 이단 / 62

0502 역사에 나타난 삼위일체론의 이단 / 67

0503 역사에 나타난 인간론의 이단 / 70

0504 역사에 나타난 그리스도론의 이단 / 73

0505 역사에 나타난 성령론의 이단 / 76

0506 역사에 나타난 구원론의 이단 / 81

0507 역사에 나타난 교회론의 이단 / 85

0508 역사에 나타난 종말론의 이단 / 89

0509 한국교회 역사에 나타난 이단 / 92

0510 한국교회 이단의 특성 / 97

06 교리적 분별

0601 성경계시론의 이단 / 102

0602 삼위일체론의 이단 / 103

0603 인간론의 이단 / 104

0604 그리스도론의 이단 / 106

0605 성령론의 이단 / 107

0606 구원론의 이단 / 108

0607 교회성례론의 이단 / 109

0608 종말론의 이단 / 110

0609 정통교리의 요약 / 111

07 이단의 해제

0701 해제의 근거 / 114

0702 해제의 기준 / 114

0703 해제의 원리 / 115

0704 해제의 절차 / 116

08 이단판정 목록

0801 기독교대한성결교회 이단판정 목록 / 120

0802 기독교대한성결교회 경계대상 / 122

0803 한국교회의 이단 목록 / 122

0804 이단목록 분류번호 부여방법 / 126

0805 한국교회의 이단판정 분류목록 / 127

09 이단사이비대책 특별법

A Manual of the Judgement on Heresies

성결교회 이단판정 규범집

이단판정과
해제 매뉴얼

01

이단의 정의

01 이단의 정의

A Manual of the Judgement on Heresies

■ 0101 정통과 이단

01_정통이란 일반적으로 인정된 "바른 계통"을 말한다.

02_정통교리는 "성경적이며 건전한 가르침"(orthodox)을 말한다.

03_정통교리가 우리에게 필요한 이유가 있다.

① 이단들로부터 보호하기 위해서

② 교회의 신앙과 생활의 표준을 제시하기 위하여

③ 불신자와 초신자에게 올바른 가르침을 주기 위하여

④ 신앙의 성숙을 위하여

04_이단(heresy)은 "정통교리와 정통신앙에서 벗어난 다른 주장"이다.

05_정통과 정통교리는 이단의 공격과 미혹으로부터 성경적 진리를 지키기 위한 목적으로 확립된 것을 말한다.

■ 0102 용어와 범주

01_사전적 의미: 이단이란 "정통의 가르침에 어긋난 교의나 교파"를 말한다.

02_문자의 의미: 한자어 이단(異端)이란 "다를 이"(異)와 "바를 단"(端)의 합성어로서 "바른 것이 아닌 것"이란 뜻이다.

03_종교학적 의미: 이단이란 종교의 믿음체계인 교리(다른 계시)를 중심으로 하는 〈헤러시〉(Heresy)와 종교의 의식체계인 실천(집단적 비밀의식)을 중심으로 하는 〈컬트〉(Cult)를 포함한다.

04_기독교적 의미: 이단이란 "특정인의 그릇된 성경해석을 중심하여 형성된 종교집단"(Ralph Martin)을 말한다.

05_성경적 의미: 이단에 해당하는 성경의 용어는 다음과 같다.

① 하이레시스(heiresis): 처음에 "선택"(choice)이란 중립적 의미였다가 나중에 "당파와 종파"라는 부정적 의미로 사용되었다(당파-행 5:17; 15:5; 28:22; 분리-고전 11:9; 이단-행 24:14; 갈 5:20; 딛 3:10).

② 헤테로스(Heteros): 이것은 "다르다"(different)라는 뜻인데, "근본이 다르다"는 의미로 사용되었다(다른 이름-행 4:12; 다른 영, 다른 복음-고후 11:4; 다른 복음-갈 1:6).

■ 종교조직의 분류

① Church (교회)

기존의 정치와 사회체제에 타협하고 그것에 순응하는 종교조직이다. 종교를 선택하기보다 출생 시 소속되어 세습하는 경우이다. 세상 속에 들어가 적극적으로 세상을 변형시키려는 유형이다. 전형적인 주류교단에 연결되는 관료적인 조직으로서 공식교회나 교파교회가 여기에 속한다.

② Sect (분파)

정신적인 순수성을 추구하기 위하여 모든 충성을 다하는 자발적인 단체이다. 자발성을 강조하여 회원자격을 제한하나 기존 종교전통에 속한 신념이나 관습을 따른다. 종교의 순수성을 고집하며 세상으로부터 도피하는 유형이다. 특별한 교리적 입장에 따라 유일하고 참된 교회 스스로를 생각하는 집단이다.

③ Cult (밀교단체)

단수의 카리스마적 지도자에 의해 주도되는 위험하고 권위적인 종교집단으로서 사회적인 문제를 발생시키는 유사종교 단체이다. 열광적인 종교 신념과 주류전통에 속하지 않는 관행을 강조하고, 회원자격을 엄격히 통제하는 종교조직이다. 이것은 주류 바깥에서 기원하고, 비밀로 유지되며, 카리스마적 지도자에 전적으로 의존하는 분파이다.

④ Denomination (교파)

주류교단에서 그리스도의 몸을 구성하는 조직으로서의 정체성을 가진 전체에 부속되면서 독립된 교리적 입장을 가진 기존교회이다.

⑤ Mega Church(대형교회)

2,000명 이상 혹은 10,000명 이상의 교회를 지칭한다. Giga Church(초대형교회)는 35,000명 이상의 교회를 말한다.

■ 0103 교회사적 정의

01_교회의 단일성을 파괴하는 자들이다(Ignatius).

02_신의 존재를 부인하는 자, 신앙심을 벗어난 자, 불경스러운 신성모독자이다(Justinus).

03_그리스도의 이름을 그릇되게 부르고, 성경의 올바른 가르침을 그르치는 교리이다(Origenes, Irenaeus, Tertullianus).

04_올바른 진리의 기준에서 이탈한 것이다(Irenaeus).

05_신앙에서 어긋난 것이다(Hipolitus).

06_기독교의 근본적인 교리에 어긋나는 악마적인 이론이다 (Athanasius).

07_비 신앙적, 반 은총적, 비 그리스도적, 비 성경적인 교리와 교회는 이단이다(Martin Luther).

08_하나님의 절대 주권을 침해하는 모든 교설과 그 추종세력이 이단이다(John Calvin).

09_복음의 본질적인 것에는 일치를, 비본질적인 것에는 의견의 차이를 관용하라(John Wesley).

■ 0104 이단의 정의

01_성경의 표준에서 이단은 "사도들의 가르침과 다른 것을 주장하는 분파적 가르침"을 말한다(갈 1:8; 고전 11:18,19; 갈 5:20; 벧후 2;1). 이단은 성경을 왜곡하여 자기 주관대로 해석한 것을(벧후 3:16) 하나님의 말씀으로 위장하여 가르치므로 신자들을 미혹하여 교회를 파괴하려고 다른 복음을 전하는 자들이다(이단의 괴수-행 24:5; 이단-갈 5:20; 거짓 선지자, 거짓 선생-벧후 2:1; 이단-딛 3:10; 거치게 하는 자들-롬 16:17 등). 그러므로 이단사설이란 성경에 없는, 성경에 어긋나는 내용을 가르치는 것이다(고후 11:4).

02_역사에 있어서 이단은 "모든 교회가 어느 지역에서든지(보편성), 언제라도(시대성), 공통으로 믿는 것(합의성)과는 다른 한 분파의 거짓된 주장이나 오류"를 말한다. 따라서 정통이

란 "신자에게 단번에 주신 믿음의 도(유 1:3)로서 '어느 곳에서나, 항상, 모든 사람에 의하여' 믿어지는 바른 교훈"을 말한다(Vincent, Harold Brown).

03_교리의 기준에서 이단은 "정통교회의 권위로 규정한 올바른 교리의 표준에서 벗어나 그릇된 것으로 배척된 교리나 사상"을 말한다. 정통교회의 신조들을 그대로 수용하는 것이 정통이라면, 이단은 "다른 의견"을 주장하므로 "올바른 교리의 표준에서 이탈"하는 것이다(Irenaeus). 바울은 "우리나 혹 하늘로부터 온 천사라도 우리가 너희에게 전한 복음 외에 다른 복음을 전하면 저주를 받을지어다"(갈 1:8)라고 경고하였다.

■ 종교의 종류

1. 유사종교(quasi-religion)
   종교가 아닌 것이 종교처럼 행세하는 경우이다.

2. 사이비종교(pseudo-religion)
   신앙자체가 목적이라기보다는 재물, 권력, 쾌락 등을 얻기 위한 수단으로 신앙을 내세우는 집단이다.

3. 사교(evil-religion)
   종교가 내세우는 교리, 종교의식, 집단생활이 건전한 사회상식이나 도덕규범에 어긋나는 집단이다.

■ 0105 성결교회의 정의

"이단이란 기독교가 공통으로 따르는 성경과 역사적 정통교리와는 다른 교리를 가지고 자기를 높이려고 기독교를 사칭하거나 공격하며 자기 공동체를 부각시키므로 교회의 일치와 순결을 해치고 신자들을 미혹하는 악한 영에 사로잡힌 사람과 집단이다"(벧후 2:1; 갈 5:20; 딛 3:10; 요 21:10-11).

- 총회 이단사이비대책 특별법 -

■ 해설

1. 성경이 최고 권위로서 1차적 판단기준이다.
2. 역사의 정통교리는 기독교의 기본교리, 사도신경, 신조들, 교단의 교리를 말한다.
3. 다른 교리란 성경적 진리를 벗어난 것을 의미한다.
4. 이단이란 다른 교리를 주장함, 기독교를 사칭함, 기독교를 공격함, 그리고 자기 공동체를 높임을 포함한다.
5. 이단은 교회의 일치와 순결을 해치는 것이다.
6. 특히, 목양 대상인 신자들을 미혹하는 것이다.
7. 이단의 배경에는 악한 영인 사단의 역사가 있다.

A Manual of the Judgement on Heresies

성결교회 이단판정 규범집 ··················

이단판정과 해제 매뉴얼

02

이단의 판정

02 이단의 판정

■ 0201 판정 이유

01_이단은 자신들의 오류를 감추려고 다음과 같이 주장한다.

① 견해가 다른 '소수'를 향한, 정통으로 위장한 "다수의 폭력"이다.
② 성경해석의 '다름'을 인정하지 않고, 힘 있는 자들이 편견과 감정으로 '틀림'이라 판단하고 정죄하는 것이다.
③ 예수님이나 초기 그리스도인들처럼 일방적으로 '핍박'을 받는 것이며, 자신들이 진리를 소유하고 있다는 증거이다.
④ 다수집단이 되어 '힘'을 가지면 이단에서 정통이 될 수 있다.
⑤ 성경이 '금하지 않았으니'(adiaphora) 자유롭게 주장할 수 있다.

■ 아디아포라 논쟁(adiaphora)

이런 주장은 아디아포라 논쟁을 연상시킨다. 아디아포라란 "대수롭지 않은 것"이란 뜻인데, 성경에서 구체적으로 명하거나 금하지 않은 것이므로 개인이 판단하여 양심의 자유에 따라 주장하고 행할 수 있다는 것이다.

중세시대에 루터는 로마가톨릭교회의 가르침을 성경에서 명백하게 금지한 구절이 없으므로 수용할 수 있다고 주장했다면, 칼빈은 성경에서 명백히 명령하는 것이 아니므로 로마가톨릭교회의 가르침을 거부할 수 있다고 보았다. 이런 점에서 성경이 언급하지 않아서 임의로 할 수 있도록 남겨진 영역을 "아디아포라"라 부른다.

  루터는 "믿음으로 말미암은 구원"을 본질적인 가르침으로 보았고 예배의식이나 수도원 서원, 성상에 대한 태도 등은 비본질적인 것으로 구분하였다. 반면에, 엄격한 칼빈은 아디아포라의 문제가 성경을 훼손할 경우에는 단호하게 거부했다면, 웨슬리는 본질과 비본질을 구분하였다.

02_이단판정에 있어서 성경이 금하지 않았다고 인정할 수 있는 것이 아니라, 그들의 주장이 다음의 조건에 부합되는지를 질문해야한다.

① 그들의 교리와 사상이 성경에 부합되는가?
② 그들의 행동이 그리스도인의 참 모습에 부합되는가?
③ 그들의 주장과 목적이 누구를 위한 것인가?

■ 이단판정을 위한 기본적인 질문

1. 사도신경을 신앙고백으로 인정하고 있는가?
2. 예수 그리스도를 유일하신 구원자로 인정하는가?
3. 십자가 지심을 구속의 도리로 인정하는가?
4. 신구약 성경을 정경(canon)으로 받아들이는가?
5. 특별계시의 완전성을 인정하는가?
6. 지도자를 우상화, 신격화 하지는 않는가?
7. 불건전하고 비윤리적인 신비체험을 강조하지 않는가?
8. 성경해석이 건전하며 정당한가?

03_이단판정은 하나님의 말씀인 〈성경〉을 표준으로 삼아 "이단
　사설을 경계하고, 신앙의 혼란을 예방하며, 교회의 일치와
　순결을 유지하기 위하여" 수행하는 거룩한 사역이요 하나님
　의 명령이다.

　　○ 마 24:23-24, "그때에 사람이 너희에게 말하되 보라 그리스도가
　　　여기 있다 혹 저기 있다 하여도 믿지 말라 거짓 그리스도들과 거짓
　　　선지자들이 일어나 큰 표적과 기사를 보이어 할 수만 있으면 택하신
　　　자들도 미혹하게 하리라"

　　○ 딤전 4:1-2, "성령이 밝히 말씀하시기를 후일에 어떤 사람들이 믿
　　　음에서 떠나 미혹케 하는 영과 귀신의 가르침을 좇으리라 하셨으니
　　　자기 양심이 화인 맞아서외식함으로 거짓말 하는 자들이라"

　　○ 요일 4:1, "사랑하는 자들아 영을 다 믿지 말고 오직 영들이 하나님
　　　께 속하였나 시험하라 많은 거짓 선지자가 세상에 나왔음이니라"

■ 0202 판단 근거

01_이단에 대한 판단근거는 기독교신앙의 출발점이요, 그 신앙
　에서 자라난 신학의 결정적 토대이며, "성도에게 단번에 주
　신 믿음의 도"(유 1:3)로서 신자와 교회에게 최고의 우선적
　권위인 〈성경 Holy Bible〉이다.

02_기독교 신앙선포의 처음 내용인 ① 한 분이시고 삼위로 계시
　는 하나님을 믿는 신앙고백, ② 예수 그리스도는 하나님의 아

들이요 주님이시며 구세주라는 시인과 고백, ③ 신자들의 삶 속에서 활동하시는 성령의 역사의 실재성, 현재성, 그리고 계속성에 대한 고백, ④ 영광 가운데 오시는 주님의 인격적 도래가 임박했다는 강한 확신을 담은, 그래서 이단사설을 분별하고 성례를 통해 신앙고백을 하기 위하여 제정한 〈사도신경 Apostle's Creed〉이다.

03_이단의 등장에 대한 정통교리의 확립이라는 교리적 긴장을 반영하는 초대교회 교리문서들로서 로마서는 행위의 의를 반대하는 그리스도의 의를, 갈라디아서는 율법주의의 영향에 대한 반대를, 골로새서와 요한일서는 영지주의자와 가현설주의자에 대한 거부를 담고 있으며, 그리고 이후의 각 시대마다 교회회의를 통해 공인된 〈신조와 신앙고백들 Creed and Confessions〉과 각 교파마다 제정한 〈교리와 헌법 Doctrine and Constitution〉이다.

04_종교개혁자들은 로마가톨릭교회의 가르침이 하나님의 계시인 성경에 위배되고, 교황의 가르침보다는 성경의 권위가 우위에 있으며, 인간의 공로보다는 주 예수를 믿음으로써 구원받고, 모든 신자는 하나님의 부르심을 받은 제사장이라며 항변하였다. 이런 배경에서 오직 성경, 오직 은혜, 오직 믿음, 오직 그리스도, 그리고 오직 하나님께 영광을 부르짖던 〈종교개혁자들의 복음정신 TheGospel spirit of Reformation〉이 이단에 대한 판단근거이다.

■ 0203 판정 절차

이단판정은 〈총회 이단사이비대책 특별법〉에 따라 신고접수 된 사안을 "이단사이비대책위원회"가 조사, 연구하고 판정한 후, "총회"에 상정하여 최종 결의한다.

01_**신고접수** : 피해사례의 신고, 보고, 진정, 고발은 개별로 또는 지방회에서 이단사이비대책위원회에 접수한다.

02_**조사** : 위원장의 의뢰에 따라 조사위원들이 고발자와 피고발자를 면담하고 사례와 정보를 수집한다.

03_**연구** : 최소 1개월(최대 3개월) 내에 연구위원들이 조사된 자료들을 연구한다.

04_**결과보고** : 1차 대책회의를 통해 그 연구결과를 8주 이내로 보고한다.

05_**공개질의** : 이를 검토하여 해당 단체나 개인에게 (공증한) 질의서를 보내고 소명자료를 접수한다.

06_**자료검토** : 2차 대책회의를 통해 소명자료를 검토하고 수용 여부를 결의한다.

07_**복귀권고** : 이단사이비로 규정하는 결의와 동시에 정통신앙으로 복귀할 것을 권하는 권고공문을 2회 발송한다.

08_**총회상정** : 이를 수용하지 않을 시 3차 대책회의를 통해 최종 판결문을 작성하여 총회에 상정한다.

09_**경계공문** : 총회의 결의에 따라 전 교회에 경계공문을 발송하고 성결신문에 판결문을 게재하여 알린다.

10_**자료보존** : 이 과정은 모두 자료화(문서, 녹음, 녹취, 동영

상)하여 일련번호를 부여하고, 기한을 명기하여 보존한다.

■ 0204 판정 구분

이단판정은 이단이 분명하거나 위험성이 있으면 "이단, 사이비, 경계대상"으로 규정하고, 이단이라 할 수 없으나 교회에 부정적인 영향을 끼칠 수 있다면 "주의와 권고"로 규정한다.

01_이단(Heresy)

성경과 역사적으로 정립된 정통교리에 위배되는 비정통의 다른 복음을 주장함으로써 신자들을 미혹하는 잘못된 사람이나 집단을 말한다.

02_사이비(Pseudo religion)

이단적(이방적) 교리에 뿌리를 두고 기독교로 행세하되 기독교의 교리를 변질시키거나 기독교를 모욕하는 반사회적, 반윤리적 행위를 하는 거짓된 사람이나 집단을 말한다.

03_경계대상 혹은 경계집단(Alert group)

교회와 개인의 신앙에 부정적인 영향을 끼칠만한 특이한 교리를 강조하거나 반기독교적인 행위를 하므로 신자들을 미혹할 수 있다고 우려되는 개인이나 집단을 말한다. 이 경우에는 "교류 및 참여금지"를 명할 수 있다.

04_주의(Attention)

이단으로 볼 수 없으나 교회와 신자들에게 부정적인 영향을 미칠 것으로 예상되므로 일정기간 "예의주시"하려는 경우이다.

05_권고(Advice)

이단으로 볼 수 없으나 교회와 신자들에게 긍정적인 영향을 미치도록 방향을 제시하고 개선을 요구하여 적극 "지도"하려는 경우이다.

■ 이단판정을 위한 구분들

1. 수용의 측면에서 "기독교의 기본교리를 전적으로 믿는 입장을 정통이라 하고, 부분적으로 믿을 때는 사이비라고 부르며, 전체를 반대할 때는 이단"이라 할 수 있다.

　　　　　　　　　　　　　　　　　　– 이종성, 『현대사회와 신학의 대화』 –

2. 위치적 측면에서 "이단은 교회 밖으로 나간 적그리스도적인 것을 말하고, 교회 안에 있을 때는 사이비"라고 할 수 있다.

　　　　　　　　　　　　　　　　　　– 신성종, 『현대사회와 신학의 대화』 –

3. 출처의 측면에서 "기독교 내부에서 생겨난 것은 이단이라 하고, 기독교 밖에서 생겨나 내부에 영향을 줄 때 이를 사이비"라고 부를 수 있다.

　　　　　　　　　　　　　　　　　　　　　　　　– 이수영 교수 –

4. 태도의 측면에서 "사이비의 실체는 이단이나 현상적으로 마치 정통적인 것처럼 행동한 이단의 위장된 형태"이다.

　　　　– 김영한, "사이비 이단과 정통의 표준", 『한국기독교연구논총』(제13집) –

A Manual of the Judgement on Heresies

성결교회 이단판정 규범집

이단판정과
해제 매뉴얼

03

이단의 분별

03 이단의 분별

■ **0301 성경 이외에 다른 계시와 경전을 가지고 있다.**

01_성경구절을 언급하면서도 성경의 권위를 깎아내린다.

02_성경은 불완전하다고 보며 하나님의 객관적 계시인 것을 부인한다.

03_성경이 변질되었다고 주장한다.

04_성경을 사람의 말이라고 격하시킨다.

05_성경 66권외에 지금도 직접계시를 받는다고 주장한다.

06_성경을 대치하는 새로운 계시서 혹은 계시해석서가 있다고 주장한다.

07_자신의 말이나 저서를 성경에 준하는 계시로 높인다.

08_성경을 부분적으로 더하거나 뺀다(계 22:18-19; 신 12:32).

■ **사례들**

1. 통일교는 「원리강론」을 완벽한 성경해석서라고 주장한다.
2. 몰몬교는 성경은 오류투성이므로 보충교재가 필요한데, 그것은 「몰몬경, 교리와 성약, 위대한 가치의 진주」라고 한다.

3. 여호와의 증인은 성경이 유일한 지침이라고 하지만 「뉴월드판 성경해석의 원리」를 중시한다.
4. 천부교의 박태선은 성경의 98%가 오류이고, 자신의 말이 완전한 계시라고 주장했다.
5. 기독교복음선교회의 정명석은 자신이 완성했다고 하는 「30개론 성경공부 교재」를 강조한다.
6. 신천지의 이만희는 예수와 천사로부터 계시를 받았는데 「요한계시록의 실상」(비유 풀이)이며, 자신을 예시하는 책 「신탄」을 강조한다.
7. 큰믿음교회의 변승우는 바울이 바울서신을 기록할 때 도왔던 천사들이 내려와 자신의 저술을 돕고 있다, 천국의 계단에 자신의 책이 쌓여 있다고 주장한다.

■ 0302 절대적 진리를 독점하고 있다고 주장한다.

01_정통교회는 부패하고 타락하여 하나님의 진리를 상실했다고 비난한다.

02_자신들이 하나님의 진리를 회복하였고, 진리의 파수꾼이다.

03_수천 년 감추어진 비밀의 진리를 역사상 처음으로 깨달았다.

04_종말의 최후 진리를 자신들이 비밀로 받았다.

05_하나님, 예수, 그리고 성령과 천사로부터 직접 진리의 말씀을 받았다.

06_우리가 주장하는 특정 교리가 절대적 진리이다(요일 4:1-3).

07_구원의 도리가 변경되었다(요일 4:1-3; 갈 1:7; 요 14:6; 행 4:12).

1. 지방교회(1982)는 "교회는 여러 세기에 걸친 역사를 통해 타락되었기 때문에 하나님의 본래의 뜻대로 회복되어야 한다."라고 강조한다.
2. 구원파의 권신찬(1977)도 "교회의 참 뜻은 성경에 비밀히 감추어져 있는 진리로서 구원파에서 처음으로 깨달아졌다."라고 선언하였다.
3. 구원파의 박옥수(1988)도 '죄사함과 거듭남의 비밀'은 자신들만이 깨달은 영적비밀이요 진리라고 주장한다.
4. 다미선교회의 이장림(1991)은 예수의 공중재림과 휴거에 대한 진리를 자신만이 알고 있다고 강조하였다.
5. 신천지의 이만희(2005)도 "봉인되었던 요한계시록의 예언의 말씀이 실상으로 응한 것을 자신이 예수와 성령이신 천사에게 보고 들은 것을 말한다."라고 주장하였다.

■ 0303 정통교회와는 다른 성경해석법을 사용한다.

01_자신의 성경해석이 영적이고 절대적인 기준이다.

02_성경본문의 숫자를 우화적으로 해석한다.

03_정통교회와 똑같은 용어들을 사용하지만, 다른 의미로 적용한다.

04_본문의 본래의미나 역사적 배경, 전후 문맥을 무시하고 영해한다.

05_거짓과 진리를 교묘하게 혼합하여 억지해석을 시도한다(벧후 3:16; 고후 11:13-15; 롬 16:18).

06_성경의 진리에 대해 신화적, 비유적, 혹은 과학적 억지해석을 시도한다.

07_자신만이 성경을 정확히 해석하는 은사를 받았다고 주장한다

(요일 2:21; 시 5:6; 101:7; 계 21:27).

1. 구원파(유병언)는 모든 종교행위와 율법에서 해방 받는 것이 구원이며, 죄에서 돌이키는 것이 회개가 아니라 하나님께 인도되는 것이 회개라고 가르친다. 또한 사업이 하나님의 일이며, 사업논의가 기도이고 교제이며 예배라고 하였다.

2. 기쁜소식선교회의 박옥수는 요일 1:9에서 '죄'와 '범죄'를 혼동하여 '죄'의 문제만 해결하면 된다고 주장하였다.

3. 통일교의 문선명은 창세기의 타락기사를 성적 타락으로 해석하고, 사단과 성적관계를 맺은 하와의 후손들에게 혈통교환이 필요하다는 신화적 해석을 하여 합동결혼식의 근거로 제시하고 통일교식 참가정운동을 전개한다.

4. 정명석은 기성교회가 성경을 문자적으로만 해석하므로 과학적으로 풀이해야 한다고 주장한다.

5. 시한부종말론자들은 예수님도 알 수 없다고 하신 종말(재림)의 날짜(마 24:36)를 문자적으로 계산한다.

6. 신천지의 이만희는 성경은 모두 비유이며 그 비유들은 영적 의미를 담고 있는데 자신이 예수와 성령인 천사로부터 해석권한을 부여받아 새롭게 해석한다고 주장한다.

7. 큰믿음교회의 변승우는 자신은 새롭고 영적인 새 계시를 받았고, 성경을 정확히 해석하는 다림줄의 은사를 받았다고 주장한다(다림줄은 스가랴서에서 심판과 구원을 결정짓는 추를 의미하므로 자신을 높임).

■ 0304 정통교회의 권위와 전통을 무시하고 다른 교리를 주장한다.

01_정통교회의 권위와 전통에 대해 너무 적대적이다.

02_교회의 질서와 신학교육을 무시한다(벧후 2:10, 주관자를

멸시함).

03_자신들의 목적을 달성하고자 거짓말(모략)이나 협박, 공갈, 폭력도 불사한다(벧후 2:3, 공허하고 지어낸 거짓말).

04_전통적인 교훈과는 다른 교훈을 강조하며, 변론이나 언쟁을 좋아한다(딤전 1:3; 6:3-4).

05_정통교회와는 다른 교리들을 강조한다.

① 삼위일체 하나님은 같은 하나님의 세 가지 양태(얼굴)이다.

② 하나님은 아버지와 어머니로 존재한다.

③ 하나님은 사람이다.

④ 예수님은 피조물인 천사이다.

⑤ 예수님은 십자가에서 실패하였다.

⑥ 예수님은 영만 구원하고 육은 구원하지 못한다.

⑦ 예수님은 십자가에서 모든 죄를 해결하였으니 모든 사람이 의인이다.

⑧ 내가 재림주이고, 보혜사 성령이다.

⑨ 영의 구원, 혼의 구원, 육의 구원이 구분된다.

⑩ 구원은 토요안식일 계명을 순종해야 얻는다.

⑪ 14만 4천명만 구원을 받는다.

⑫ 귀신은 불신자의 사후의 영이다.

⑬ 귀신을 추방하는 것이 구원이다.

⑭ 지역을 관장하는 귀신이 있다.

⑮ 방언기도로 귀신을 쫓을 수 있다.

⑯ 믿음이 아니라 행위(선행, 종교의례, 순종 등)가 구원의 조건이다.

⑰ 가계에 저주가 흐른다.

1. 통일교는 전통적인 삼위일체 하나님 신앙을 부정하고 하나님은 자웅동체라고 주장하며, 예수의 십자가는 실패의 상징이며 단지 영의 구원만 이루었을 뿐이다. 따라서 육의 구원을 완성할 복귀주가 와야 하는데 곧 문선명이라고 주장한다.

2. 기독교복음선교회의 정명석은 통일교의 영향으로 예수는 평범한 인간에 불과하고 모세의 영이 임한 자요 실패자라고 주장한다.

3. 하나님의교회 안상홍증인회는 하나님은 남자와 여자가 있어야 한다(창 1:26)고 엉뚱하게 주장하며 기도할 때 '어머니 하나님'이라는 장길자의 이름으로 기도한다.

4. 몰몬교는 천상의 결혼과 죽은 사람을 위한 세례에 중요성을 부여하고 이런 조건들을 수행하지 않으면 고상한 구원을 받을 수 없다고 주장한다. 예수 그리스도는 엘로힘의 영적 자녀로서 맏아들이며, 아담이나 교주인 조셉 스미스처럼 성육신 한 존재이나 성부와 동등하지 않다고 주장한다. 예수는 인간구원을 완성한 것이 아니라 기회를 제공할 뿐이라고 본다.

5. 여호와의 증인은 그리스도는 여호와 하나님의 첫 피조된 천사이며 지상에서 완전한 인간생활을 누렸기 때문에 14만 4천명이 얻은 영원한 생명의 특권을 그리스도는 얻지 못했다고 주장한다. 그리스도에 대한 참 믿음보다 축호전도의 의무를 수행해야 하고, 구원은 사람이 아니라 여호와께 달려있는데 14만 4천 명으로 지정된 사람만 구원 받는다고 주장한다.

6. 안식교는 토요 안식일을 지켜 계명(율법)을 순종하여야 구원을 완성한다고 강조한다.

7. 베뢰아 아카데미(성락침례교회)의 김기동은 귀신은 불신자의 사후의 영이며, 본래 수명의 남은 기간을 세상(음부)을 떠돌아다니며 모든 질병을 일으키므로 귀신축출이 구원이라거나 혈기나 담배중독도 귀신의 영향이며 정신질환은 마귀 들림이라고 강조한다. 창세에 영이 없는 인간과 영이 있는 인간이 있었다고 주장한다.

8. 구원파는 정통교회와 목사는 신자들이 지킬 수도 없는 율법(십일조, 주일성

수, 선행 등)을 지키라고 가르치고, '죄사함, 거듭남의 영적 비밀'을 알지도 못하므로 구원이 없다고 가르친다.

9. 신천지는 정통교회는 부패하고 타락한 바벨론이므로 이만희 교주에게 와야 구원이 있다고 주장한다.

10. 대부분의 이단은 십자가 대속의 은혜에 대한 믿음으로 구원 얻음(롬 1:17; 10:3)이 아니라 선행, 순종의 행위, 헌금, 입회, 단순한 깨달음, 종교의식, 축호전도 등 행위에 의한 구원(공로주의)을 강조한다.

■ 0305 한국의 전통종교와 기독교신앙을 연결한 혼합주의를 주장한다.

01_한국의 전통 비결예언서들(정감록, 격암유록 등)을 인용하고 강조한다.

02_종말의 구원 장소가 동방인데, 한국이라고 주장한다.

03_말세심판을 모면할 도피처가 있는데 십승지(十勝地)를 가리킨다.

04_종말에 내려 올 재림의 메시아는 한국인이다.

05_음양오행설, 풍수지리설 등을 강조한다.

06_도참이나 신선사상에 의한 신인합일의 신화를 주장한다(딤전 4:6-9).

07_재림의 장소, 혹은 지상천국이 건설될 특정 장소를 강조한다.

08_태극문양을 음양이원론으로 해석한다.

09_샤머니즘의 기복신앙에 기초한 무속행위를 한다.

1. 민간신앙에 따르면 전통 비결예언서인 『정감록』에 예언된 정도령이 나타나는 장소가 계룡산이라고 주장했다.
2. 용문산기도원의 나운몽 장로는 한국에 메시야가 나타난다고 주장했다.
3. 통일교의 문선명도 한국이 세계종교를 통일하고 평화세계를 만들 지상천국이 건설될 장소라고 주장한다. 2010년경 청평대교 건너편 경기도 가평군 청평면의 장락산 자락에 '천정궁'(천성왕림궁전)을 비롯한 통일교 타운을 완공하기도 하였다.
4. 천부교의 박태선은 부천의 '소래산'(蘇來山)을 예수가 내려오는 산이라며 종말심판의 도피처라고 주장한다. (소래산은 당나라 장군 소정방이 왔다는 산으로 알려짐)
5. 신천지의 이만희도 다른 이단들처럼 한국판 예언서로 알려진 『격암유록』을 인용하여 재림주는 한국인이고 지상천국은 한국 땅에 이루어진다고 하였다. 그리고 무서운 종말심판을 모면할 도피처로서 십승지(十勝地, 십자가로 승리한 곳)가 있는데 그곳이 과천의 청계산이며 옛 도시이름이 동방이라는 허무맹랑한 주장을 펼치고, 청계산의 계는 한자어로 시내 계(溪)인데 구약에서 모세가 십계명을 받았던 그 시내산을 말한다고 주장한다.

■ 0306 특이한 신비체험을 열망하는 열광적 신비주의에 빠져 있다.

01_자신은 위로부터 직통계시를 받는다고 주장한다.

02_특이한 신비체험(환상, 입신, 천국과 지옥 체험, 쓰러짐, 웃음현상, 짐승소리, 예언, 금가루나 금이빨 등)을 하도록 강조하거나 유도한다.

03_성령의 역사를 빙자하여 신비한 표적과 기사에 치중한다.

04_영적 상담을 한다며 신자들을 자기 맘대로 조종한다.

05_천사들을 자기 맘대로 동원하고 사용할 수 있다고 가르친다.

06_천국과 지옥을 왕래할 수 있다고 가르친다.

07_입신하면 돌아가신 부모나 조상을 만날 수 있다고 주장한다.

08_자신의 설교는 천사가 알려주는 대로 전한다고 과장한다.

09_성령의 불이 가시적으로 보이고 이동한다고 주장한다.

10_예언을 중시하고, 예언은 훈련으로 가능하다고 주장한다.

11_영과 귀신에 대한 관심을 지나치게 강조한다(딤전 4:1-2).

12_말씀보다는 신비체험에 더 비중을 두고 있다.

13_성령의 능력은 다른 사람에게 전이(임파테이션)됨을 주장한다(무속신앙).

14_하나님의 음성을 들으려고 노력하면 들린다고 주장한다.

■ 사례들

1. 빈야드 운동에서 보는 것처럼 표적과 기사들에 치중하면(조작하기도 함) 다른 복음적 요소들을 경시할 수 있다.
2. 만민중앙교회 이재록은 자신이 천국에 있는 선지자들을 호출하면 내려온다거나 고향인 전남 무안의 샘물을 치유의 효과가 있는 신비의 단물이라고 주장하며 판매하기도 한다.
3. 새생활영성훈련원(아시아교회)의 박철수는 상대방의 내적 문제를 자동적으로 읽어내는 영적 상담을 주장한다(투시은사라고 볼 수 있으나 자칫 잘못하면 무속적 행위로 변질될 여지가 있다).
4. 예수왕권세계선교회의 심재웅은 혼의 인격과 영의 인격을 구분하고, 비복음적인(비성경적인) 방법으로 눈과 입을 넓게 열어 성령의 불을 받아야 능력(생명)목회를 할 수 있다며 특이한 의식을 진행하기도 한다.
5. 주님의 교회 김용두 목사는 저녁마다 교회에 모여 귀신을 쫓아내는 방언기도를 하고, 뱀이나 개 소리를 내면서 귀신을 쫓는다거나 밤낮을 가리지 않고 천

국과 지옥을 왕래하는 체험을 한다거나 돌아가신 부모님을 만나는 접신을 한
다거나 성령 춤을 추게 하는 등의 무속적 행위를 일삼는다. 예를 들면, "성령
의 독가시!"하면서 외치니 손바닥에서 불이 나가 성미를 훔쳐 먹던 쥐가 뇌와
내장이 터져 죽었다고 강조한다.

6. 신사도개혁운동가들 중에는 성령운동을 빙자하여 성령의 불이 이리 가고 저
리 간다고 손가락으로 지시한다거나 예언운동을 한다며 예언을 감각적으로
훈련하고, 아말감을 씌운 치아를 금이빨로 바꾼다거나 기도 중에 금가루가 뿌
려지는 현상을 성령의 역사로 주장하는 경우도 있다. 그러나 이런 금가루가
뿌려지는 현상은 증산도와 같은 신흥종교 안에서도 발생하는 일이기도 한 것
을 잊지 말아야 한다.

■ O307 자신들만이 선택받아 구원을 받을 것이라는 선민의식 이 있다.

01_정통교회는 부패하고 타락하여 구원을 받을 수 없다.

02_자신들이 진리를 전하므로 부패한 교회와 세상으로부터 핍박
을 받고 있다.

03_예수님의 재림 시 자신들만 들림(휴거)을 받는다.

04_구원자의 상징 수인 14만 4천명은 자신들이다.

05_하나님은 자신들의 교회만 사랑하신다.

06_종말의 지상천국은 자신들을 통해서 완성된다.

■ 사례들

1. 만민중앙교회의 이재록은 하나님은 자기교회만 특별히 사랑한다고 힘주어 강
조한다.
2. 신천지의 이만희는 기존교회는 타락하였고, 자신들만이 재림을 맞이하고 영

생할 자격이 있다고 주장한다. 따라서 어떤 경우는 가족관계도 끊어야 하고, 자신들의 공동체에서 신앙의 뿌리를 내려야 한다고 가르친다. 그리고 자신들의 교적부가 생명책이라고 주장한다.

3. 이단사이비는 미래적 하늘나라보다는 현재적 지상천국을 강조한다. 그래서 이만희는 청계산에 지상천국을, 문선명은 경기도 가평군 청평면의 송산리에 천정궁을 건축하였고, 정명석은 금산의 월명동에 선교본부를 건설하여 신성시하고 있다.

4. 크리스챤사이언스는 실제로 그리스도의 재림, 부활, 심판, 새 하늘과 새 땅을 부인한다.

5. 몰몬교는 자신들이 인류에 대한 하나님의 마지막 말씀으로 회복된 복음을 맡은 자들이며, 잃어버린 족속이 시온에 모여 몰몬인 에브라임 선지자로부터 대관의 축제에 참여하는 것은 곧 북미대륙이라고 주장한다. 조셉 스미스가 1829년에 천사로부터 아론과 멜기세덱의 제사장 직을 받았을 때 교회가 원상 복귀되었다고 주장하고 몰몬교회가 유일한 참 교회라고 생각한다.

6. 여호와의 증인은 자신들이 하나님의 참 백성이요, 기성교회는 큰 음녀이며 배교자들이고 목사는 악마의 직계라고 주장한다(계 17장; 눅 9:49).

7. 구원파는 정통교회에는 구원이 없고 자신들에게는 구원의 복음이 있다고 주장한다.

8. 하나님의교회 세계복음선교협회(안상홍증인회)는 기독교는 타락한 바벨론이요, 자신들은 성경의 계명대로 안식일과 유월절기를 지키므로 구원이 있다고 주장한다.

9. 큰믿음교회의 변승우 목사는 젊은이들이 자신의 책을 읽고 패러다임이 바뀌었으며 학식을 자랑하는 목사들의 압제로부터 해방되어 자신의 교회로 몰려오고 있다고 주장하였다.

■ 0308 종말의 날짜를 제시하는 시한부종말론을 주장한다.

01_특정한 사건이나 현상을 종말의 징조로 강조하여 불안을 조성한다.

02_종말의 계시로 재림의 날짜와 시간을 강조한다(마 24:36).

03_재림 예수는 영적으로, 혹은 어떤 사람으로 이미 오셨다.

04_성경에 나타난 수자를 나름의 계산법에 따라 그릇되게 해석한다.

05_재림의 장소를 구체적으로 제시하여 강조한다.

06_자신들이 종말에 신랑을 맞이할 신부라고 주장한다(마 24:32; 계 19:8).

■ 사례들

1. 다미선교회의 이장림은 한 청소년의 직통계시를 근거로 1992년 10월 28일에 종말이 온다고 주장했다.
2. 정명석도 1999년에 종말이 온다고 했으나 불발에 그쳤다.
3. 여호와의 증인은 하나님의 왕국이 1914년까지 세워지지 않았으나 지금은 예수 그리스도와 공중 왕국의 14만 4천명으로 이루어졌다고 주장한다. 세계의 신자들이 14만 4천명이 넘어서자 재 14만 4천명을 주장했었다.
4. 이만희는 1984년이 예수재림의 날이라고 주장했다(이 날은 신천지증거장막성전을 시작한 날이며 신천기 원년으로 부른다).
5. 하나님의교회 세계복음선교협회도 1988년, 1999년, 2012년에 종말이 올 것을 예고하기도 하였으나 아무런 일도 일어나지 않았다. 지금까지 침묵하고 있다.

■ 0309 경제적 이익을 탐하고 성적 비행을 자행하며 신자들을 예속시킨다.

01_겉으로는 경건하고 의로운 것처럼 행세하나 도덕적으로 문란하다(벧후 2:2,10,14).

02_돈을 사랑하고 신자들을 경제적으로 착취하고 가정을 파괴시
킨다(벤후 2:3).

03_종교를 돈벌이 수단으로 생각하여 끊임없는 알력이 발생한다
(딤전 6:5).

04_신자들에게 재산을 헌납하게 만들고, 교주는 호화생활을
한다.

05_정욕적이고 호색적이어서 여성들을 유인하여 성적 비행을 저
지른다(벤후 2:2,10,14; 계 2:14).

06_반사회적인 물의를 일으킨다(벤후 2:2,10; 계 17:5,15).

07_지어낸 말로 이익을 취한다(벤후 2:3).

08_아름다운 열매를 맺지 못한다(마 7:16-18).

■ 사례들

1. 통일교의 문선명은 간음, 혼음사건이 제기된 인물이며, 그의 방탕한 생활이
큰 며느리와 박준철 목사에 의해 폭로되기도 했다. 합동결혼식을 통해 1억에
가까운 봉헌금을 내야 한다.

2. 정명석은 한국, 일본, 중국, 대만 등지에서 '순결점검'을 통해 치병한다고 한
꺼번에 여러 여성들을(심지어 미모의 고등학생들도) 자기 숙소에 불러들여 성
폭행을 자행하므로 사법당국에 고발되어 해외로 도피생활을 하다가 중국정부
에 체포된 성적 비행에 몰두하는 사람이다.

3. 신천지는 우선적으로 가정을 멀리하게 하고 집단생활을 통해 결속을 다지고
기존교회와 목회자를 파괴하는 일을 가르친다(추수꾼의 추수밭 침투와 산 옮
기기 포교활동). 2013년 신천지가 제기한 법정소송에서 이만희 교주가 경기
도 파주에 있는 별장에서 압구정동 신학원장인 김남희와 불륜 동거생활을 하
고 있는 사실이 적나라하게 드러나기도 했다.

4. 구원파의 박옥수는 2012년 관련기업인 운화식품에서 제조한 음료에 불과한 '또별'을 만능 암치료제로 설교시간에 소개하였고, 이것을 비싼 값에 사서 복용한 암 환자가 사망하는 사건이 발생한 것으로 알려지기도 하였다.
5. 2014년 4월 16일 진도 앞바다에서 300여명이 희생된 청해진 해운이 운영하는 세월호 침몰참사로 인해 구원파 교주 유병언 일가와 측근들이 종교사업을 빙자하여 엄청난 재정을 착복한 사실이 만천하에 드러났다. 이단사이비 집단의 폐해가 한국사회 전반의 문제가 될 수 있음을 목격한 사례이다.

■ 0310 권위주의적인 지도자를 신격화한다.

01_영적 아버지라며 신자의 마음과 몸을 완전히 장악하고 지배한다(갈 2:4).

02_자신에게 초자연적 능력(카리스마)이 있다고 과장한다.

03_교주는 일반적으로 7가지 특징을 가진 반사회적 성격장애자들이다.

① 보통 이상의 지능을 갖고 있으며 겉으로는 상당히 매력적 인물이다.

② 불안이나 신경증적 증상을 보이지 않고 정상인처럼 행동한다.

③ 그러나 자기가 한 일에 책임감이 없다.

④ 진실성이 없고 후회할 줄 모르고 수치심이 없다.

⑤ 병적인 이기주의를 보이고 다른 사람을 사랑하지 못한다.

⑥ 충동적으로 보이는 반사회적 행동을 한다.

⑦ 자신을 객관화하지 못하고, 자신에 대한 통찰이 결여되어 있다.

04_인류를 구원할 시대적 사명을 받았다고 주장한다(행 4:12).

05_교주에게 참부모, 재림주, 보혜사, 심판주 등의 신적 명칭을 부여한다(딤전 1:40; 4:2-3).

06_교주를 영생불사의 존재로 부각시킨다.

■ 사례들

1. 통일교는 문선명과 한학자를 참부모이고 문선명은 세계평화의 왕이며, 재 창조주로 높인다. 문선명은 지난 2012년에 지병으로 사망하고 말았다.
2. 천부교의 박태선은 동방의 의인, 참 감람나무라고 주장하다가 5,798세 하나님이라고 선언하였으로 1990년에 사망하였다.
3. 평강제일교회의 박윤식은 바울 이후의 유일한 사명자, 말씀 아버지라고 주장한다.
4. 기독교복음선교회(JMS)는 정명석을 선생(섭리사)이라고 부르고, 그를 만나는 것이 인생 최고의 목적이라고 한다.
5. 하나님의교회(안상홍증인회)는 안상홍이 아버지 하나님이며 장길자는 어머니 하나님이라고 부른다.
6. 구원파(유병언파)는 유병언을 '성령의 입'이라고 불렀다.
7. 신천지는 이만희를 시대적 사명자요 재림예수며 보혜사이고 영생할 자라고 믿는다.

A Manual of the Judgement on Heresies

성결교회 이단판정 규범집

이단 판정과
해제 매뉴얼

04

성경적 표준

04 성경적 표준

■ 0401 이단의 용어

성경은 이단에 대해 다음과 같은 용어들로 묘사한다.

01_**적그리스도**(요일 2:18,22: 4:3; 요이 1:7): 예수가 그리스도이심을 부인하는 자

02_**거짓 선지자**(신 13:1-5; 렘 14:14; 겔 13:6; 마 7:15): 꿈꾸는 자요 표적과 기사를 보이고 다른 신을 섬기게 하는 자, 거짓 계시와 복술과 허탄한 것과 자기 마음의 속임수로 예언하는 자, 허탄한 것과 거짓된 점괘를 말하는 자, 광명의 천사로 가장하여 양의 옷을 입고 나아오나 속에는 노략질하는 이리와 같은 자

03_**거짓 그리스도**(눅 21:8: 마 24:4-5,23-24): 자칭 그리스도라 주장하는 자

04_**진리를 대적하는 자**(딤후 3:8): 마음이 부패하고 믿음에서 버림받은 자

05_**거짓 선생**(벧후 2:1,3,12,14-15,18; 유 1:16): 이단을 가만히 끌어들이고 구원하신 주를 부인하는 자, 호색하여 진리를 훼방하는 자, 지은 말, 유창한 말, 간교한 말로 유익을

얻으려는 자

06_**이단**(딛 3:10): 부패하여 죄를 짓는 자

07_**멸망하는 자**(살후 2:9-12): 능력과 표적과 거짓 기적과 불의로 속이는 자

08_**거짓 사도**(고후 11:13-15): 자기를 그리스도의 사도로 가장하는 자

09_**양심이 화인 맞은 자**(딤전 4:2): 양심이 무디어져 거짓말 하는 자

10_**귀신의 가르침을 따르는 자**(딤전 4:1): 믿음에서 떠나 미혹하는 영과 귀신의 가르침을 따르는 자

11_**다른 복음을 전하는 자**(고후 11:4; 갈 1:8-9): 제자들이 전한 복음 외에 다른 복음을 전하는 자

12_**철학과 헛된 속임수로 사람을 사로잡는 자**(골 2:8): 그리스도를 따름이 아니라 사람의 전통과 세상의 초등학문을 따르는 자

13_**말씀을 가감하는 자**(계 22:18): 말씀을 더하거나 감하는 자

14_**자신의 탐욕을 채우는 자**(벧후 2:2-3): 지어낸 말로 이득을 취하는 자

15_**자기를 좇게 하는 자**(행 20:30): 자기를 좇게 하려고 어그러진 말을 하는 자

16_**분쟁을 일으키고 거치게 하는 자**(롬 16:17): 그리스도 대신에 자기 배를 섬기고 교활한 말과 아첨하는 말로 순진한 자들의 마음을 미혹하는 자

17_경건을 이익의 재료로 생각하는 자(딤전 6:5): 마음이 부패하고 진리를 잃어버려 종교를 악용하는 자

■ 0402 구약과 신약에 나타난 이단들

가. 구약시대의 이단

- 구약시대는 신론, 즉 하나님에 관련한 이단들이 등장했다. 말하자면 하나님과 같아지려는 교만, 하나님 말씀의 권위에 대한 도전, 우상을 하나님과 동일시하는 불신앙, 하나님 대신에 가나안의 신들인 바알신(풍요의 남신)과 아세라신(다산의 여신)을 섬기거나 여호와 하나님을 믿으면서도 이방신앙을 수용한 종교혼합주의 혹은 종교다원주의 태도를 볼 수 있다.

01_하나님 말씀의 권위에 도전하고, 참과 거짓을 적당히 섞어 사람을 미혹하며, 하나님처럼 될 수 있다고 약속한다(창 3:1-6).

○ 창 3:4-5, "뱀이 여자에게 이르되 너희가 결코 죽지 아니하리라(거짓) 너희가 그것을 먹는 날에는 너희 눈이 밝아(참) 하나님과 같이 되어(거짓) 선악을 알 줄을 하나님이 아심이니라(참)"

02_자신을 높이고, 하나님이 받으실 영광을 가로채며, 하나님을 대적한다(사 14:12-14).

○ 사 14:12-14, "너 아침의 아들 계명성이여 어찌 그리 하늘에서 떨어졌으며 너 열국을 엎은 자여 어찌 그리 땅에 찍혔는고 네가 네 마음에 이르기를 내가 하늘에 올라 하나님의 뭇 별 위에 내 자리를 높이리라 내가 북극 집회의 산 위에 앉으리라 가장 높은 구름에 올라가 지극히 높은 이와 같아지리라 하는도다."

03_사람이 만든 우상을 여호와 하나님으로 동일시한다(출 20:4-6; 32:4,8).

○ 출 32:4, "아론이 그들의 손에서 그 고리를 받아 부어서 각도로 새겨 송아지 형상을 만드니 그들이 말하되 이스라엘아 이는 너희를 애굽 땅에서 인도하여 낸 너희 신이로다 하는지라."

04_하나님이 아닌 것을 하나님으로 예배하게 한다(왕상 12:28).

○ 왕상 12:28, "이에 계획하고 두 금송아지를 만들고 무리에게 말하기를 너희가 다시는 예루살렘으로 올라갈 것이 없도다 이스라엘아 이는 너희를 애굽 땅에서 인도하여 올린 너희의 신들이라 하고 하나는 벧엘에 두고 하나는 단에 둔지라 이 일이 죄가 되었으니 이는 백성들이 단까지 가서 그 하나에게 경배함이더라"

05_하나님을 예배하는 곳에 이방신당을 세우고, 종교적 타락과 미신으로 인도한다(왕상 18:17-40,21,25-29; 왕하

16:7-16; 민 25:1-9).

○ 왕상 18:21, "엘리야가 모든 백성에게 가까이 나아가 이르되 너희
가 어느 때까지 두 사이에서 머뭇머뭇 하려느냐 여호와가 만일 하나
님이면 그를 좇고 바알이 만일 하나님이면 그를 좇을지니라 하니 백
성이 한 말도 대답지 아니하는지라"

06_거짓의 영을 받아 거짓 예언을 한다(왕상 22:22-23; 대하
18:21-22; 렘 5:31; 14:14; 23:32; 27:9-10; 29:8-
9; 애 2:14; 겔 13:2-7; 단 11:4; 슥 13:2).

○ 렘 27:9-10, "너희는 너희 선지자나 너희 복술이나 너희 꿈꾸는
자나 너희 술사나 너희 요술객이 너희에게 이르기를 너희가 바벨론
왕을 섬기지 아니하리라 하여도 듣지 말라 그들은 너희에게 거짓을
예언하여서 너희 땅에서 멀리 떠나게 하며 또 나로 너희를 몰아내게
하며 너희를 멸하게 하느니라"

07_하나님 앞에 가증한 무속적 행위를 한다(레 19:31,
20:6,27; 신 18:10-12; 삼상 28:8-14).

○ 신 18:10-12, "그의 아들이나 딸을 불 가운데로 지나게 하는 자
나 점쟁이나 길흉을 말하는 자나 요술하는 자나 무당이나 진언자나
신접자나 박수나 초혼자를 너희 가운데에 용납하지 말라 이런 일을
행하는 모든 자를 여호와께서 가증히 여기시나니 이런 가증한 일로

말미암아 네 하나님 여호와께서 그들을 네 앞에서 쫓아내시느니라"

나. 신약시대의 이단

■ 신약시대는 그리스도나 구원론에 관련한 다양한 이단들이 등장했다. 유대교의 배경에서 율법의 준수행위를 강조하는 율법주의, 영지주의에 입각하여 예수 그리스도를 환영의 존재로 고백하는 가현설, 금욕생활을 선한 것으로 강조하는 극단적 금욕주의, 큰 표적과 기사를 앞세우는 신비주의, 인간을 신으로 섬기는 인신신앙, 점성술과 같은 허탄한 신화를 좇는 무속신앙, 조상들의 유전을 중시하는 외식주의, 천사나 사단숭배, 종말을 부인하고 도덕적으로 부패하여 성적타락을 부추기는 율법폐기론(도덕무용론)이 있었다.

01_자칭 그리스도라 주장하며 사람을 미혹하는 거짓 그리스도들이 등장한다(마 24:4-5, 23).

○ 마 24:4-5, "예수께서 대답하여 이르시되 너희가 사람의 미혹을 받지 않도록 주의하라 많은 사람이 내 이름으로 와서 이르되 나는 그리스도라 하여 많은 사람을 미혹하리라

○ 마 24:23, "그 때에 사람이 너희에게 말하되 보라 그리스도가 여기 있다 혹은 저기 있다 하여도 믿지 말라"

02_종말에는 각종 표적과 기사를 나타내어 사람을 미혹하는 거짓 선지자들이 등장한다(마 24:24; 행 14:8-16).

○ 마 24:24, "거짓 그리스도들과 거짓 선지자들이 일어나 큰 표적과
기사를 보이어 할 수만 있으면 택하신 자들도 미혹하리라"

■ 표적(sign)은 사람에 관련해 하나님의 뜻과 능력을 증명하는 이적이고, 기사
(wonder)는 자연에 관련해 나타나는 이적이다.

03_예수가 그리스도이심을 부인하는 유대주의자들이 있었다(막
12:18; 요 9:22; 10:24-26).

○ 요 10:24-26, "유대인들이 에워싸고 이르되 당신이 언제까지나
우리 마음을 의혹하게 하려 하나이까 그리스도이면 밝히 말씀하소
서 하니 예수께서 대답하시되 내가 너희에게 말하였되 믿지 아니하
는도다 내가 내 아버지의 이름으로 행하는 일들이 나를 증거하는 것
이거늘 너희가 내 양이 아니므로 믿지 아니하는도다"

04_그리스도를 영의 존재로만 받아들여 참 하나님 참 사람이 되
심을 부인하는 영지주의가 있다(요이 1:7; 요일 2:18-23;
4:1-3).

○ 요일 4:1-3, "사랑하는 자들아 영을 다 믿지 말고 오직 영들이 하
나님께 속하였나 시험하라 많은 거짓 선지자가 세상에 나왔음이니
라 하나님의 영은 이것으로 알지니 곧 예수 그리스도께서 육체로 오
신 것을 시인하는 영마다 하나님께 속한 것이요 예수를 시인하지 아
니하는 영마다 하나님께 속한 것이 아니니 이것이 곧 적그리스도의

영이니라 오리라 한 말을 너희가 들었거니와 이제 벌써 세상에 있느니라"

05_음식, 할례, 절기 혹은 안식일 준수를 구원의 조건으로 강조하는 유대적 율법주의가 있다(갈 1:6-8; 2:3-4; 4:9-11; 6:13-15; 골 2:14-17; 딤전 1:7-11; 딛 1:10).

○ 갈 2:3-4, "골 2:14-17, "그러나 나와 함께 있는 헬라인 디도까지도 억지로 할례를 받게 하지 아니하였으니 이는 가만히 들어온 거짓 형제들 때문이라 그들이 가만히 들어온 것은 그리스도 예수 안에서 우리가 가진 자유를 엿보고 우리를 종으로 삼고자 함이라"

○ 갈 6:13-15, "할례를 받은 그들이라도 스스로 율법은 지키지 아니하고 너희에게 할례를 받게 하려 하는 것은 그들이 너희의 육체로 자랑하려 함이라 그러나 내게는 우리 주 예수 그리스도의 십자가 외에 결코 자랑할 것이 없으니...할례나 무할례가 아무 것도 아니로되 오직 새로 지으심을 받는 것만이 중요하니라"

○ 골 2:14-17, "우리를 거스리고 우리를 대적하는 의문에 쓴 증서를 도말하시고 제하여 버리사 십자가에 못 박으시고 정시와 권세를 벗어 버려 밝히 드러내시고 십자가로 승리하셨느니라 그러므로 먹고 마시는 것과 절기나 월삭이나 안식일을 인하여 누구든지 너희를 폄론하지 못하게 하라 이것들은 장래일의 그림자이나 몸은 그리스도의 것이니라"

○ 딤전 1:7-8, "율법의 선생이 되려 하나 자기가 말하는 것이나 자기가 확증하는 것도 깨닫지 못하는도다 그러나 율법은 사람이 그것을 적법하게만 쓰면 선한 것임을 우리는 아노라"

06_절대자 하나님을 직접 경배하는 것은 교만이므로, 열등한 천사를 경배(교통)함이 겸손의 행위라는 천사숭배가 있다(골 2:18-19).

○ 골 2:18-19, "누구든지 일부러 겸손함과 천사숭배함을 인하여 너희 상을 빼앗지 못하게 하라 저가 그 본 것을 의지하여 그 육체의 마음을 좇아 헛되이 과장하고 머리를 붙들지 아니하는지라"

07_육적인 욕망을 억누르고 영의 자유를 달성하려는 금욕주의가 있었다(골 2:20-23; 딤전 4:2-3).

○ 골 2:20-23, "너희가 세상의 초등학문에서 그리스도와 함께 죽었거든 어찌하여 세상에 사는 것과 같이 의문에 순종하느냐 곧 붙잡지도 말고 맛보지도 말고 만지지도 말라 하는 것이 [이 모든 것은 쓰는 대로 부패에 돌아가리니] 사람의 명과 가르침을 좇느냐 이런 것들은 자의적 숭배와 겸손과 몸을 괴롭게 하는데 지혜 있는 모양이니 오직 육체 좇는 것을 금하는 데는 유익이 조금도 없느니라"

08_영적으로 구원 받았으니 육체로 범죄하여도 구원을 받는다는 영지주의 사상에 따라 우상의 제물을 먹고 행음하게 만드는

니골라 당의 도덕무용론이 있다(계 2:6,14-15; 유 1:4,18).

○ 계 2:14-15, "그러나 네게 두어 가지 책망할 것이 있나니 거기 네 게 발람의 교훈을 지키는 자들이 있도다 발람이 발락을 가르쳐 이스 라엘 자손 앞에 걸림돌을 놓아 우상의 제물을 먹게 하였고 또 행음 하게 하였느니라 이와 같이 네게도 니골라 당의 교훈을 지키는 자들 이 있도다"

○ 유 1:4,18, "우리 하나님의 은혜를 도리어 색욕거리로 바꾸고 홀 로 하나이신 주재 곧 우리 주 예수 그리스도를 부인하는 자니라... 마지막 때에 자기의 경건치 않은 정욕대로 행하며 기롱하는 자들이 있으리라 하였나니"

09_그리스도인들을 훼방하고 핍박하는 자칭 유대인들인 사단의 회가 있다(계 2:9, 3:9; 살전 2:15).

○ 계 2:9, "내가 네 환난과 궁핍을 아노니 실상은 네가 부요한 자니라 자칭 유대인이라 하는 자들의 훼방도 아노니 실상은 유대인이 아니 요 사단의 회라"

10_하나님의 은혜보다는 인간의 노력의 산물인 의식적 행위를 중시하는 손할례당의 행위구원론이 있다(빌 3:2).

○ 빌 3:2, "개들을 삼가고 행악하는 자들을 삼가고 손할례당을 삼가라 하나님의 성령으로 봉사하며 그리스도 예수로 자랑하고 육체를 신뢰하지 아니하는 우리가 곧 할례당이라"

11_허탄한 신화와 끝없는 족보에 착념하는 신화적 인신신앙이 있다(딤전 1:3-4; 딛 3:9).

○ 딤전 1:3-4, "내가 마게도냐로 갈 때에 너를 권하여 에베소에 머물라 한 것은 어떤 사람들을 명하여 다른 교훈을 가르치지 말며 신화와 끝없는 족보에 몰두하지 말게 하려 함이라 이런 것은 믿음 안에 있는 하나님의 경륜을 이룸보다 도리어 변론을 내는 것이라"

○ 딛후 3:9, "어리석은 변론과 족보 이야기와 분쟁과 율법에 대한 다툼은 피하라 이것은 무익한 것이요 헛된 것이니라"

■ "신화와 끝없는 족보"란 유대인들에게 영지주의의 영향으로 만물에 영이 들어 있으며 하나님과 인간 사이에는 끝없는 족보가 있음을 말한다. 따라서 자신들의 가계를 성경의 인물과 연결하여 족보를 만들곤 하였다.

12_바른 길을 떠나게 미혹하는 발람의 행실을 따르는 반율법주의가 있다(벧후 2:2,15).

○ 벧후 2:15, "저희가 바른 길을 떠나 미혹하여 브올의 아들 발람의 길을 좇는도다 그는 불의의 삯을 사랑하다가 자기의 불법을 인하여

책망을 받되 말 못하는 나귀가 사람의 소리로 말하여 이 선지자의 미친 것을 금지하였느니라"

13_주의 재림과 종말을 부정하는 현세주의가 있다(벧후 3:3-5; 딤전 2:18).

○ 벧후 3:3-5, "먼저 이것을 알지니 말세에 조롱하는 자들이 와서 자기의 정욕을 따라 행하며 조롱하여 이르되 주께서 강림하신다는 약속이 어디 있느냐 조상들이 잔 후로부터 만물이 처음 창조될 때와 같이 그냥 있다 하니 이는 하늘이 옛적부터 있는 것과 땅이 물에서 나와 물로 성립된 것도 하나님의 말씀으로 된 것을 그들이 일부러 잊으려 함이로다"

14_성경을 자신이 의도한 대로 억지로 풀이하는 자의적인 성경 해석이 있었다(벧후 3:16; 계 22:18-19).

○ 벧후 3:16, "무식한 자들과 굳세지 못한 자들이 다른 성경과 같이 그것도 억지로 풀다가 스스로 멸망에 이르느니라"

○ 계 22:18-19, "내가 이 두루마리의 예언의 말씀을 듣는 모든 사람에게 증언하노니 만일 누구든지 이것들 외에 더하면 하나님이 이 두루마리에 기록된 재앙들을 그에게 더하실 것이요 만일 누구든지 이 두루마리의 예언의 말씀에서 제하여 버리면 하나님이 이 두루마리에 기록된 생명나무와 및 거룩한 성에 참여함을 제하여 버리시리라"

15_예수 그리스도 외에 다른 터를 닦아 둔 사단의 일군들이 있었다(고전 3:11; 고전 4:6; 고후 2:17, 4:2; 11:4, 13-15)

○ 고전 3:11, "이 닦아 둔 것 외에 능히 다른 터를 닦아 둘 자가 없으니 이 터는 곧 예수 그리스도라"

○ 고전 4:6, "형제들아 내가 너희를 위하여 이 일에 나와 아볼로를 들어서 본을 보였으니 이는 너희로 하여금 기록된 말씀 밖으로 넘어가지 말라 한 것을 우리에게서 배워 서로 대적하여 교만한 마음을 가지지 말게 하려 함이라"

○ 고후 11:4, "만일 누가 가서 우리가 전파하지 아니한 다른 예수를 전파하거나 혹은 너희가 받지 아니한 다른 영을 받게 하거나 혹은 너희가 받지 아니한 다른 복음을 받게 할 때에는 너희가 잘 용납하는구나"

■ 0403 이단에 대한 성경의 경고

(이명직 "위사에 대한 성서의 답변," 「활천」 1957년 3월호, 1-3에서)

01_이단의 등장에 대한 예고

① 거짓 선지자들을 삼가라 양의 옷을 입고 너희에게 나아오나 속에는 노략질하는 이리라(마 7:15).

② 사람들이 잘 때에 그 원수가 와서 곡식 가운데 가라지를 덧뿌리고

갔더니 싹이 나고 결실할 때에 가라지도 보이거늘(마 13:25).

③ 저런 사람들은 거짓 사도요 궤휼의 역군이니 자기를 그리스도의 사도로 가장하는 자들이라 이것이 이상한 일이 아니라 사단도 자기를 광명의 천사로 가장하나니 그런고로 사단의 일꾼들도 자기를 의의 일꾼으로 가장하는 것이 또한 큰 일이 아니라 저희의 결국은 그 행위대로 되리라(고후 11:13).

④ 저희 중에 남의 집에 가만히 들어가 어리석은 여자를 유인하는 자들이 있으니 그 여자는 죄를 중히 지고 여러 가지 욕심에 끌린 바 되어 항상 배우나 마침내 진리의 지식에 이를 수 없느니라(딤후 3:6-7).

⑤ 화 있을진저 이 사람들이여 가인의 길에 행하였으며 삯을 위하여 발람의 어그러진 길로 몰려갔으며 고라의 패역을 좇아 멸망을 받았도다(유 11절).

02_이단이 유혹하는 방법들

① 거짓 그리스도들과 거짓 선지자들이 일어나 큰 표적과 기사를 보이어 할 수만 있으면 택하신 자들도 미혹하게 하리라(마 24:24).

② 악한 자의 임함은 사단의 역사를 따라 모든 능력과 표적과 거짓 기적과 불의의 모든 속임으로 멸망하는 자들에게 임하리니 이는 저희가 진리의 사랑을 받지 아니하여 구원함을 얻지 못함이라(살후 2:9-10).

③ 다른 복음을 좇는 것을 내가 이상히 여기노라 다른 복음은 없나니 다만 어떤 사람들이 너희를 요란케 하여 그리스도의 복음을 변하려 함이다(갈 1:6-7).

④ 때가 이르리니 사람이 바른 교훈을 받지 아니하며 귀가 가리워서 자기의 사욕을 좇을 스승을 많이 두고 또 그 귀를 진리에서 돌이켜 허탄한 이야기를 좇으리라(살후 4:3-4).

03_신자들의 대응 태도

① 그러면 사람들이 너희에게 말하되 보라 그리스도가 광야에 있다 하여도 나가지 말고 보라 골방에 있다 하여도 믿지 말라(마 24:26).
② 사랑하는 자들아 영을 다 믿지 말고 오직 영들이 하나님께 속하였나 시험하라. 많은 거짓 선지자가 세상에 나왔느니라(요일 4:1).
③ 누구든지 이 교훈을 가지지 않고 너희에게 나아가거든 그를 집에 들이지도 말고 인사도 말라 그에게 인사하는 자는 그 악한 일에 참예한 자니라(요이 10절).

■ 0404 이단의 판정 기준

01_교리적인 기준

① 성경을 가감한다(계 22:18-19).
② 성경적 계시와 영감이 지금도 주어진다고 주장한다(딤후 3:16-17).
③ 예수 그리스도만이 유일한 구원자이심을 부인한다(행 4:12).
④ 예수님이 육체로 오심을 부인한다(요이 1:7; 요일 4:1-6).
⑤ 십자가를 믿으면 영생이 없다고 주장한다(롬 6:6; 고전 1:18).
⑥ 허탄한 신화(사람은 신이다)를 따른다(딤전 2:7).

⑦ 자신을 재림예수 혹은 그리스도로 내세운다(마 24:4; 요일 2:22; 롬 1:17; 6:6; 고전 1:18; 살후 2:4).

⑧ 믿음으로 말미암아 의롭게 됨을 부인한다(롬 1:17).

⑨ 절기나 안식일을 지켜야 구원 받는다고 주장한다(골 2:16).

⑩ 종말의 날짜나 재림의 장소를 예언한다(마 24:23-24).

⑪ 다른 예수, 다른 영, 다른 복음을 전한다(고후 11:4).

⑫ 참과 거짓을 교묘하게 섞어 가르친다(창 3:1-5).

02_도덕적인 기준

① 결혼을 폐하고 음식을 가려 먹도록 주장한다(딤전 4:3).

② 악한 말과 악한 행실의 열매가 드러난다(마 12:33-37).

③ 교회를 허무는 자다(아 2:10-17; 느 4:7-8; 고전 3:16-17).

④ 교회에 가만히 들어와 신자들을 미혹한다(갈 2:4-5).

⑤ 타 교회의 교인들을 유혹한다(요 10:10; 마 7:15-16).

⑥ 양심에 화인을 맞아 상습적으로 거짓말을 한다(딤전 4:1).

⑦ 하나님의 은혜를 색욕거리로 삼는다(유 1:4).

⑧ 돈을 사랑하고 헌금을 왜곡된 목적으로 요구한다(빌 3:19; 딤전 6:10).

⑨ 절박한 시한부 심판설로 위기감과 공포심을 조장한다(마 24;36).

03_영적인 기준

① 표적과 기사를 지나치게 강조한다(신 18:9-12; 마 24:23-24;

딤전 4:12; 살후 2:8-10).

② 믿음에서 떠나 미혹의 영과 귀신의 가르침을 따른다(딤전 4:1).

③ 거짓 예언, 거짓 계시, 점복술, 접신, 초혼 등의 속임수로 사람들을
속인다(렘 14:14-16; 겔 13:1-7).

④ 바른 교훈보다는 자신의 사욕을 채울 스승을 두고 헛된 이야기를 따
른다(딤후 4:3-4).

⑤ 거룩한 영보다는 미혹의 영을 받게 한다(유 1:19; 요일 4:4-6).

⑥ 지나친 금욕주의로 자신을 학대한다(딤전 4:3).

■ 성령의 역사와 악령의 역사에 대한 분별

1. 열매를 통한 영분별(마 7:15-20)
   ① 성령의 열매가 있는가?(갈 5:22)
   ② 악한 열매가 나타나는가?(갈 5:19-21)
2. 그리스도론을 통한 영분별(요일 4:1-3)
   ① 그리스도의 동정녀 탄생을 믿는가?
   ② 십자가 대속의 죽음을 믿는가?
   ③ 신령한 몸으로의 부활을 믿는가?
   ④ 승천하신 모습으로 재림하실 것을 믿는가?
   ⑤ 자신을 그리스도로 높이는가?(마 24:23; 행 4:12)
3. 사랑의 유무를 통한 영분별(요일 4:7-11; 요 13:34)
   ① 가정 안에서 서로 사랑하는가?
   ② 공동체 안에서 서로 사랑하는가?
4. 언행을 통한 영분별
   ① 그리스도의 십자가를 증거하는가?(행 10:45-46)
   ② 덕을 세우는 말을 하는가?(엡 4:29)
   ③ 음란하고 악한 말을 하는가?(마 12:39)
   ④ 거짓말을 하는가?(렘 14:14; 23:32; 27:10; 겔 13:6-8; 요 8:44)

성결교회 이단판정 규범집

이단 판정과 해제 매뉴얼

05

역사적 증거

A Manual of the Judgement on Heresies

05 역사적 증거

■ 0501 역사에 나타난 성경론의 이단

01_기독교 신앙의 권위는 성경(Holy Bible)에 있다. 예수님은 구약을 "성경"으로 인정하였고(눅 24:27), 자신의 선포가 하나님의 뜻임을 말할 때 "내가 너희에게 말하노니"(산상수훈)라는 전형적 표현을 사용했다(신구약의 동등한 권위). 1세기 초대교회는 신약에 해당하는 문서들을 예배시간에 낭독하고, 공동체의 신앙규범이나 교리문답의 보조물로 사용하였다. 그리고 예수 그리스도 안에서 구약이 성취되었다는 관점으로 읽었다(신구약의 통일성).

02_1세기 속사도교부들도 "성경에 기록되었으되"라며 구약성경을 권위로 수용하고, 2세기 중반 이레네우스도 '예수님의 말씀'과 '사도의 교훈'을 구별하여 정경처럼 인정하였다. 초기 교부들은 성경해석으로 '알레고리적 해석'(고후 3:6, 죽이는 것은 육이요 살리는 것은 영이라는 원리에 따라 본문의 숨은 의도를 찾는 비유적/영적 해석)과 '모형론적 해석'을 즐겨 사용했다. ① 알레고리적 해석은 이방사상의 영향으로 본문의 문자를 넘어 영적이고 상징적인 의미를 찾는 것이었다. [예

를 들어, 선한 사마리아인의 비유를 알레고리적 해석에 따라 제사장은 구약의 제사장 제도(율법)를, 레위인들은 구약의 예언자들을, 선한 사마리아인은 그리스도를, 상처를 싸매는 것은 죄를 억제하는 것으로, 기름은 소망의 위로를, 포도주는 활발히 일하라는 권고로, 짐승은 그리스도의 몸으로, 주막은 교회로, 두 데나리온은 사랑의 두 계명을, 주막 주인은 사도바울을, 사마리아인의 귀환은 그리스도의 부활을 상징한다고 해석했다.] ② 모형론적 해석은 정통교회의 창안으로서 예수 그리스도 안에서 하나님의 역사계획의 성취를 찾으려는 것이었다. [예를 들어, 로마의 클레멘트는 여리고 성의 기생 라합이 내어 준 수건은 '그리스도의 피'로 해석했다. 170년경 사망한 멜리토 감독은 출애굽기 12장의 '유월절 어린양'을 "하나님의 어린양이신 예수 그리스도"로 해석했다.] 2세기 말엽, 로마교회의 「무라토리안 단편」에는 성경에 관한 초기의 이단사상으로 "영지주의, 말시온주의, 몬타누스주의"를 지적하였다.

03_영지주의(Gnosticism)는 헬라철학과 동방종교의 영향을 받은 혼합주의 종교운동이었다. 초대 기독교에 부정적 영향을 주었는데, 영의 세계는 선하고 물질세계는 타락하여 악한 신의 산물로 보아 금욕주의(골 2:20-22)를 주장했다. 이들은 "더 깊은 지식을 갈망하고(깨달음) 신과의 신비적 교제(신인합일)를 추구하며, 천사와 영들을 사색하거나(골 2:18) 부활을 영적으로 해석했다(딤후 2:18)." 이런 사상의 영향을

받은 책들이 1945년 이집트의 나그함마디에서 발굴된 영지주의 문서들이다. 즉, 도마복음, 야고보복음, 빌립복음, 진리의복음, 마리아복음, 베드로행전, 유다복음 등인데, "사도들의 교훈"에서 벗어난 내용의 위서들이다. 성경은 예수님을 육체를 입으신 하나님으로 고백하지 않는 영지주의를 이단으로 정죄했다(요일 4:1-3). 3세기 교부들인 저스틴, 오리겐, 이레네우스 등도 허구적인 영지주의 문서들을 배격했다.

04_말시온주의(Marcionism)는 영지주의 영향을 받은 반유대주의 종교운동이었다. 주후 144년경에 등장한 말시온은 구약의 하나님과 신약의 하나님은 다르고, 물질을 창조한 구약의 하나님은 열등한 신 조물주(Demiurgos)라며 구약을 배척했다. 반면에, 신약의 하나님은 알려진 신으로서 선하고 자비로운 영적인 분이며, 예수 그리스도는 인간을 해방하고자 나타나 구약 율법과 조물주의 업적을 폐지하므로 십자가에 못 박힌 것이며, 바울은 예수 그리스도의 복음을 이해한 참 사도이므로 신약 누가복음과 바울서신 10편만 정경(canon)으로 인정하였다. 말시온의 등장으로 정통교회는 신약 27권의 정경화를 추진하였다. 즉, "구약과 신약의 통일성, 하나님의 창조는 선한 것, 구약의 이스라엘과 신약의 새 이스라엘의 일치"를 강조하였다. 초기교부 폴리캅은 그를 권면하고자 만난 후에 그를 "사단의 맏아들"이라고 공격하였다.

05_몬타누스주의(Montanism)는 율법적 금욕주의 운동이었다. 여신숭배교 사제였다가 개종한 몬타누스는 주후 156년

경 교회의 마지막 성령시대가 도래했는데, 자신이 "요한복음 14장에 약속된 보혜사의 대표예언자로서 자신에게 성령이 혀같이 임했고, 고대로부터 내려 온 성경을 보완하는 제3의 성서인 성령의 계시를 받았다"고 주장하였다. 그와 두 여 제자들은 황홀경 속에서 예언을 했고, 주후 177년 프리지아의 페푸자 마을에 하늘의 예루살렘이 도래한다는 시한부종말론을 주장했다. 초대교회가 잊은 종말적 긴장을 되살리고 엄격한 도덕생활을 추구한 긍정의 면도 있지만 거짓된 예언으로 사람들을 현혹한 것은 잘못된 일이었다. 이들은 신비주의 운동의 길을 터놓았다.

06_4-5세기에 이르러 '성경'은 교회의 교리적 규범이고 권위가 되었다. 아타나시우스는 아리우스주의에 맞서 "거룩하고 영감을 받은 성경은 진리를 선포하기에 완전히 충분하다"고 선언했다. 예루살렘의 키릴도 "어떤 교리도 거룩한 성경의 뒷받침이 없이 가르쳐서는 안 된다"고 강조했다. 정통교회는 이단을 판단하는 성경적 기준을 "사도성"(apostolicity)에 두었다. 사도들의 증거를 지닌 책을 '권위 있는 것'으로 본 것이다. 그런데, 스스로 사도직을 계승한다는 사람들에게 프랑스 레랑의 뱅상(Vincent)은 "정통의 삼중 척도"를 제시했다. 정통은 "언제나(고대성), 어디에서나(보편성), 모든 사람에 의해(합의성)" 받아들이는 것이어야 한다. 이것이 정통과 이단을 분별하는 '형식적 원리'가 되었다.

07_중세교회는 성경의 권위를 로마교황의 수위권 아래에 두었

다. 로마교황은 "그리스도의 대리자로서 다른 감독보다 우월하다"(마 16:18)거나, "성령이 교황 안에서 말씀한다"(14세기 갈멜수도회 신학자 테레니)라고 주장했다. 그러나 종교개혁자들은 로마교회와 교황의 수위권을 거부하고, 권위의 참된 기초는 "오직 성경"(Sola Scripture)임을 강조했다. 개혁자들은 교회는 "사도들과 선지자들의 터 위에 세워졌으며"(엡 2:20) 성경은 "성령의 조명을 통해 스스로 해석한다"고 강조했다.

08_16세기 로마가톨릭교회는 트렌트회의(1545-63)를 통해 교회 안에 보전된 "성경"(외경을 포함, 불가타역 라틴성경)과 "전통"을 동등한 〈이중의 권위〉로 확정했다. 결국, 로마가톨릭교회는 이중의 권위에 근거하여 성경에 근거하지 않은 마리아무죄잉태설(1854년), 교황무오설(1870년), 성모승천설(1950년) 등을 교황의 권위로 기독교교리에 포함시키고 말았다.

09_급진파 종교개혁 운동은 "개인이 성령의 인도하심을 따라 성서를 해석할 권한이 있다"라고 주장하였다. 심지어 이들은 성경을 "성령의 조명으로 개인이 해석할 수 있도록 6천 년 간 봉인된 책"이라고 주장하므로 개인의 사적 판단이 교회의 공동체적 판단 위에 놓이게 되었다. 이런 접근방법이 오늘날 각종 성경론의 이단들을 낳았다.

■ 0502 역사에 나타난 삼위일체론의 이단

01_초대교회에 등장한 삼위일체 이단은 천사의 삼위일체론과 로고스의 삼위일체론이었다. 전자는 성자를 미가엘 천사로, 성령을 가브리엘 천사로 주장하며 모두 성부보다 열등하다고 주장했다. 후자는 성자가 하나님의 이성인 '로고스'로서 성부의 첫 피조물이고, 성령은 하나님의 지혜라는 주장이다. 그러나 성경은 로고스를 신의 이성이 아니라 하나님 자신이라고 가르친다(요 1장, 로고스 기독론).

02_초기교부 이레네우스는 「이단들을 반박함」이라는 글에서 사도행전 8장에 언급된 시몬 마구스(Simon Magus)를 모든 '이단들의 아버지'로 정죄했다(행 8:5-25). 즉, 시몬은 초월하시는 하나님을 부인하고, 자신을 '하나님의 권능'이라고 칭했다. 또한, 그는 자신을 외형만 사람이지 실상은 하늘의 영이 내려와 자신의 육체에 임했으며(영육합일의 신비주의), 하나님과 구세주와 자신은 동격이라고 주장했다(신격화).

03_2세기에 활동한 이단은 영지주의(Gnosticism)이다. 144년에 이단으로 정죄된 말시온(Marcion)은 영지주의 영향(시리아의 크레도에게 배움)을 받아 물질을 창조한 하나님을 열등한 신(헬라신화에 등장하는 조물주인 데미우르게로 칭함)으로 격하시키며, 육체를 죄악시하는 엄격한 금욕주의를 주장했다(금욕적 영지주의). 그는 구약의 하나님은 분노에 가득 찬 존재이며, 물질이라는 악의 창조자이다. 반면에 신약의 하나님은 모든 인류를 사랑하는 분이며 예수 그리스도

를 통해 자신을 계시하셨다고 보았다. 또한, 예수는 하늘로부터 직접 내려온 영으로서 십자가에서 죽게 될 때 그의 몸은 물질이 아니므로 고통을 겪지 않았다고 말했다(가현설).

04_몬타누스(Montanus)는 하늘의 계시에 따라 지금은 성령이 넘쳐흐르는 시대이고 말세가 도래했다고 주장했다. 그는 자신을 하나님의 대언자로 주장하고, 177년에 프리지아의 페푸자 마을에 새 예루살렘이 임할 것이므로 모든 세속의 일을 중단하라고 외쳤다(시한부종말론). 또한, 자신 안에 성령이 계시므로 자신의 말이 곧 성령의 말이라고 하였다(신인합일 신비주의). 그러나 그가 받았다는 계시가 오류인 사실이 드러나면서 이단으로 정죄되고 말았다.

05_3세기 이단은 단일신론(monarchianism)이었다. 첫째는 역동적 단일신론인데, 비잔티움의 데오도투스가 인간 예수와 그리스도를 구분하고 인간 예수는 하나님이 아닌 한 선지자로서 그가 세례 받을 때에 그리스도의 신성이 임한 것이라고 주장했다. 안디옥의 사모사타 바울은 신적 능력인 로고스가 인간 예수 안에 점점 침투하여 그 인성을 신화(神化)시켰다고 주장했다. 268년, 그는 로고스와 성령을 하나님이 아닌 능력이라 주장하므로 이단으로 정죄되었다.

06_둘째는 양태론적 단일신론(modalism)인데, 로마의 장로 사벨리우스가 신명기 6장 4절, "하나님은 여호와 한 분 뿐이시니"라는 구절에 근거하여 하나님의 단일성을 강조하고자 하나님은 창조 때에 성부로, 구원 때에는 성자로, 그리고 승

천 후에는 성령으로 자신의 얼굴(mode)을 나타내셨다고 주장하였다. 이에 터툴리안은 이레네우스의 경륜적 삼위일체론을 지지하고, 최초로 라틴어 'trinitas'(삼위일체)라는 용어를 제안하였다.

07_325년의 니케아 신조와 451년의 칼케돈 신조는 삼위일체 교리를 확정한 신앙고백이다. 알렉산드리아 출신 아리우스(Arius)가 성자는 성부에게서 "낳았다"(begotten)고 하였으니 성자는 시간 이전의 피조물로서 성부와 동일한 신성을 가질 수 없다고 주장하였다. 이에 반대한 아타나시우스는 "아들을 낳았다"는 말은 아들과 아버지가 같은 실체(ousios)라는 뜻이므로 성부와 성자는 동일한 본질(homo ousios)이라고 강조하였다.

08_또한, 이집트의 수도사 세라피온(Seraphion)이 성령은 하나님의 피조물로서 높은 천사 중의 하나이며(천사가 성령이라는 이단사상), 성부와 성자와는 다른 실체라고 주장하자 역시 이 견해도 공격하였다.

09_정통교회 삼위일체론은 카파도키아의 세 교부들이 확립했는데, 삼위 하나님은 "한 본질(essence) 안에 세 본체(hypostasis)로 존재한다"고 하였고, 세 위격의 관계는 '상호침투'(perichoresis)라고 설명하였다.

10_현대의 삼위일체 이단으로서 여호와 증인은 가현설(Docetism)과 동일한 주장을 하는데, 창시자 러셀은 예수 그리스도를 육체라는 옷을 입은 영의 사람이고, 아브라함에게 나

타난 천사처럼 일시적인 나타남이지 예수는 실제로 성육신한
것이 아니라고 주장하였다.

11_몰몬교(후기성도의교회)도 하나님은 인간과 같은 모습이며
(신 4:28), 예수는 최고의 경지에 올라선 인간으로서 "인간
처럼 하나님도 한 때는 우리 같은 인간이었고, 하나님의 존
재처럼 인간도 변한다"라고 주장했다. 그리고, 천상회의에
는 예수 그리스도, 에녹, 엘리야, 아브라함, 바울, 베드로,
그리고 요셉 스미스(몰몬교 창시자), 브링햄 영(몰몬교의 체
계 확립자)이 참여한다고 주장하였다.

■ 0503 역사에 나타난 인간론의 이단

01_인간론의 이단은 인간의 기원과 본성, 원죄의 전가 범위, 그
리고 죄를 해결하는데 있어서 인간의지의 역할에 대한 것이
었다. 고대교회에 인간론의 이단이 등장했다. 첫째로 주전 4
세기에 유행하던 스토아주의(Stoicism, 행 17:18,28)가
있었다. 인간은 우주의 지배원리인 로고스의 분신이라고 주
장했다. 그래서 인간이 고결해지려면 우주적 운명에 복종해
야 한다는 것이다. 이 영향으로 만물은 천체에 의해 조종 된
다고 믿는 점성술이 만연하였다.

02_둘째로 물질과 육체를 부정적으로 보는 영지주의(Gnosti-
cism, 요일 4:1-3)가 있었다. 인간이 육체를 입고 있는 한
죄를 짓고 악을 행하게 되어 있다는 것이다. 또한, 예수님이
육체를 입으셨다는 기독교의 진리를 인정할 수 없었다. 결

국, 육체의 부활을 주장하는 기독교는 미개한 것이고, 비밀한 영적 지식을 가지는 것이 구원의 길이라고 주장했다. 육체를 열등한 것으로 배격하고 영에 집착하는 신비주의자들이나 극단적 금욕주의자들이 나타나 교회 안에서 신앙을 왜곡하는 이단사설을 낳았다.

03_셋째로 인간은 선과 악, 영과 육, 그리고 빛과 어두움의 이원론적 투쟁 가운데 산다는 마니교(Manichaeism)가 있었다. 창시자 마니는 청년 시절에 한 영(수호천사라고 함)으로부터 계시를 받았고, 자신은 '예수 그리스도의 사도'이며 '진리의 보혜사'(파라클레토스)라고 확신했다. 어떤 사람들은 그를 붓다, 크리슈나, 자라투스트라, 혹은 예수의 화신이라고 보았다. 마니교는 영지를 깨달은 의인의 영혼은 죽어 천국으로 돌아가지만, 간음·출산·소유·경작·추수·육식·음주 등의 육적인 것을 고집하는 사람은 육체가 연속되는 환생의 저주를 받는다고 주장했다. 따라서 환생의 저주로부터 벗어나고자 엄격한 금욕생활을 강조했던 것이다.

04_넷째로 인간의 죄와 의지의 역할에 대한 독특한 주장이 등장했다. 그것은 주후 418년 칼타고 회의에서 이단으로 정죄된 펠라기우스(Pelagius, 383-410)의 인간론이었다. 그는 아담의 원상태는 선과 악을 모두 행할 수 있는 중성상태였다고 주장했다. 그리고 아담의 범죄와 타락은 자신만 해치고, 보편적 인간본성에는 어떤 영향도 주지 않았다고 보았다. 로마서 5장 12절에 나오는 아담의 죄는 단지 죄의 사례(ex-

ample)일 뿐이라고 주장했다. 결국, 인간은 완전한 자유의
지를 가지고 있다. 하나님의 은총은 구원에 약간의 도움이
될 뿐이라고 주장했다.

05_이런 주장을 위험한 것으로 여긴 아우구스티누스(Augusti-
nus, 354-430)는 아담의 원상태는 '죄 짓지 않을 능
력'(posse non peccare)을 가졌으나 범죄한 후에는 '죄 짓
지 않을 수 없게'(non posse non peccare) 되었고, 그를
불순종에 이르게 한 원인은 '교만'(pride)이라고 하였다. 그
리고 아담의 죄책은 모든 사람에게 영원히 유전되었고, 원죄
란 사람이 '자기중심적 욕망'에 의해 오염된 상태로서 오직
하나님의 은총과 예정에 의해서만 구원받을 수 있다고 주장
했다.

06_2세대 종교개혁자 존 칼빈(John Calvin, 1509-1564)은
아우구스티누스가 원죄로 인한 부패를 육체적 정욕으로 본
반면, 자신은 영혼의 능력에 자리를 잡았다고 하였고, 로마
가톨릭교회와는 달리 '원시적 공의의 결핍' 그 이상의 것이라
고 보았다. 인간 타락의 결과는 인간본성의 전적 부패(total
depravity)로 나타나고, 그것은 어떤 선도 행할 수 없는 전
적 무능력으로 이해했다.

07_17세기 초에 등장한 알미니우스(Arminius, 1560-1609)
는 전적 부패의 교리를 거부했다. 첫째, 아담의 죄로 인한 오
염은 후손에게 전해지지만 그의 죄책은 후손들에게 전가되지
않는다고 믿었다. 둘째, 인간의 자유의지는 영적인 선을 행

할 수 있고, 성령은 선천적으로 물려받은 부패의 영향을 깨뜨릴만한 충분한 은총과 하나님의 영과 협력할 수 있는 은총을 주셨다고 주장했다.

08_18세기 이후 웨슬리안 알미니우스주의는 원죄는 질병이나 부패가 아니라 실제적인 죄이고, 죄책은 후손들에게 전가된다는 전적 부패의 교리를 받아들였다. 인간은 하나님의 은총에 협력할 능력을 상실하여 전적으로 타락하였으나, 하나님의 선행은총에 의해서 협력할 수 있도록 의지의 부분적인 회복이 이루어졌다고 주장한다. 이 입장이 성결교회 인간론에 일치한다.

■ 0504_역사에 나타난 그리스도론의 이단

01_그리스도론 이단은 주로 "예수님이 누구신가"에 집중되어 있다. 초대교회의 사도들이 예수를 그리스도로 신앙고백 했다면(마 16:16), 일부 그리스도인들은 이런 고백을 주저했다. 첫째로 1세기 유대교 배경에서 나온 에비온파(Ebionites)는 예수는 요셉과 마리아의 아들에 불과하며 세례 받을 때 임한 성령으로 말미암아 메시아 자격을 얻었다고 주장했다. 이런 견해는 후일 인간 예수가 메시아로 선택 받은 것이라는 이단사상, 즉 양자설(Adoptionism)이 되었다.

02_둘째로 이방철학 배경에서 나온 영지주의는 하나님이 육신을 입고 내려오신 것이 아니라(요일 4:1-3), 하늘의 그리스도가 인간 예수가 세례 받을 때 강림했다가 십자가의 죽음 전에

하늘로 올라가서 인간만이 십자가에서 죽었다고 주장했다. 이 견해는 2세기에 그리스도는 영이고 인간 예수는 환영에 불과했다는 가현설(Docetism)이 되었다.

03_4세기에 성부·성자·성령은 한 분 하나님이 자신을 드러내시는 세 가지 얼굴(mode)로서 창조와 율법수여에서 성부로, 성육신에서 성자로, 중생과 성화에서는 성령으로만 나타나신다는 양태론(Modalism)이 되었다. 또한, 성자의 수난은 곧 성부 하나님의 수난이었다는 성부수난설(Patripassians)도 있었다.

04_이에 초기교회는 그리스도는 신성에 속한 말씀, 곧 로고스(Logos, 요 1:14)였다고 주장했다. 2세기 변증가인 유스티누스는 이방철학자들도 하나님 자신의 계시인 '씨앗 로고스'를 부분적으로 알았다고 하였고, 3세기 사모사타 바울은 인간 예수가 세례 받을 때 하늘의 로고스가 강림했던 것이라고 주장했으며, 오리게네스는 하나님이 영원히 공존하시는 로고스를 통해 자신을 계시하셨다고 주장했다.

05_4세기에 아리우스 논쟁이 벌어졌는데, 알렉산드리아의 아리우스(Arius)는 성자는 성부의 피조물들 중 하나이며, 하나님의 아들이란 경어법이고 성자의 서열을 의미한다는 이단사상을 주장했다. 즉, 예수 그리스도의 신성을 부인했던 것이다. 이 주장에 반대한 아타나시우스는 성자가 피조물이면 우리의 구원자가 될 수 없고, 그리스도인들에게 예수 그리스도는 예배와 기도의 대상이므로 피조물이 아닌 하나님이라고

강조했다. 예수 그리스도는 성부와 동일한 본질(homo ousios)이라는 것이다. 주후 325년, 니케아 회의에서 그리스도의 신성을 부인한 아리우스주의(Arianism)는 이단으로 정죄되었다. 정통교회를 대변하는 알렉산드리아 학파는 하나님이 육체를 입으신 것(요 1:14)은 인간을 구원하려고 로고스가 인간의 본질을 취하신 것이라고 주장했다.

06_그리스도 안에서 신성과 인성의 결합이 질문되었다. 4세기에 라오디게아의 아폴리나리우스(Apolinarius)는 영·혼·육으로 구분하는 삼분설에 따라 그리스도는 육체와 혼을 취하고, 로고스는 영(pneuma)의 자리를 차지했다고 주장했다. 이로써 예수님의 인성이 불완전하게 되었다. 이 견해는 주후 381년 콘스탄티노플 회의에서 이단으로 정죄 받았다.

07_5세기에 콘스탄티노플의 네스토리우스(Nestorius)는 그리스도 안에서 신성과 인성의 진정한 결합을 부인하고 두 본성을 공유하는 것으로 이해했다. 그리스도께서 경배 받는 것은 그가 하나님이기 때문이 아니라, 하나님이 그 안에 계셨기 때문이라고 하였다.

08_네스토리우스파를 반대한 유티케스(Eutyches)는 양성의 구분을 반대하고, 인성이 거룩한 신성에 흡수되어 한 본성만 가진다는 단성론을 주장했다. 451년 칼케돈 회의는 네스토리우스파와 유티케스파를 이단으로 정죄하였다.

09_7세기와 8세기에 스페인에서는 양자설 논쟁이 발생했다. 우르겔라의 감독 펠릭스(Felix)는 그리스도의 베들레헴에서의

자연적 출생과 세례 받을 때 시작하여 부활 때 완성된 영적 출생을 구별하고, 이 영적 출생 때문에 그리스도는 하나님의 양자가 될 수 있었다고 주장하였다. 이 양자설도 주후 794년 프랑크푸르트 대회에서 이단으로 정죄되었다.

10_종교개혁 시대에 그리스도의 하나님 되심을 부인한 이단이 등장했다. 소시니안파(Socinians)는 성자의 선재하심을 부정하고, 그리스도가 성령을 충만이 받으시고, 하나님에 대한 지식이 많으며, 승천 후에 만물의 지배권을 받았지만, 그는 본질적으로 단순한 인간이라고 주장하였다. 이런 주장은 종교개혁 이후 유니테리안과 자유주의를 낳았다.

11_첫째로 유니테리안파(Unitarians)는 하나님의 단일성을 강조하려고 그리스도와 성령이 하나님 되심을 부정한다.

12_둘째로 18세기의 현대 자유주의(Liberalism)는 케리그마(Kerygma)로 선포된 '신앙의 예수'와 역사에 등장한 '실제의 예수'를 구별하거나, 예수를 신 의식으로 충만한 자로 본다거나, 예수를 한 윤리교사로 이해하고, 혹은 사회혁명가 혹은 선동가로 보았다. 이런 입장은 신성보다 인성을 앞세우는 이단사상에 상통한다.

■ 0505 역사에 나타난 성령론의 이단

01_초대교회는 성령에 대한 이해가 불분명하였다. 따라서 어떤 사람들은 성령을 비인격적인 물질이나 힘으로 이해했고, 어떤 사람은 성령의 신격을 부인하였으며, 어떤 사람은 성령체

힘을 극단적인 열광상태로 인식했다. 최초의 성령론 이단에 대한 기록은 사도행전 8장에 나타난다. 마술사 시몬은 성령을 마치 돈을 주고 살 수 있는 '물질'이나 '힘'처럼 이해했다(행 8:19). 그리고 고린도 교회에는 성령의 은사들이 풍성하게 나타났는데 신자들은 그것을 무절제하고 무질서하게 사용했다. 따라서 바울은 성령의 은사에 대한 바른 이해와 적용을 지도했다(고전 14:26-40).

02_초대교회와는 달리, 2세기 교회가 감독이 예언자 조직을 대신하고 성령의 초자연적 역사와 인도하심을 경시하자, 몬타누스(Montanus)가 등장하여 추종자들에게 황홀경과 환상을 체험하도록 강조했다. 그는 자신을 보혜사 성령의 거처라고 주장했다. 성령은 지금 성경에 없는 초자연적 계시를 주시는데, 꿈이나 환상 그리고 예언을 통해 주어진다고 말했다. 자신은 요한복음 14장에 약속된 보혜사의 대표적 예언자이며, 교회의 마지막 단계인 성령의 시대를 시작한다고 선포했다. 심지어 주후 175년 고향 프리지아의 페푸자 마을에 '하늘의 예루살렘'이 내려올 것이라고 예언했다. 결국, 이 몬타누스파는 이단으로 정죄되었다.

03_2세기 후반 이레네우스(Iraneaus)는 "신자들은 종이나 잉크 없이 성령으로 그들의 마음에 구원을 기록했다"고 언급하여 당시의 성령이해를 대변하였다. 초기교회의 교부들은 성령의 역사를 새 계시의 수여가 아니라 하나님의 뜻에 대한 조명으로 해석하였다. 3세기 초반 오리겐(Origenus)은 성경

해석은 성령의 조명을 받아야 할 것으로 강조했다. 그는 방언이란 요엘서 2장 28절의 약속이 오순절 날에 성취된 것이고, 이것으로 열방들이 주님을 알게 될 것으로 보았다. 그런데, 영지주의 영향을 받아 성령은 성부와 성자에게 종속된 성부의 피조물이라고 주장하는 오류를 범하였다.

04_4세기에 아리우스(Arius)는 성자와 성령은 피조된 것이라며 성부와의 동질성을 부인했다. 추종자들은 성령은 성부가 성자에게 부탁하여 만든 피조물 중 가장 고상하며, 조명과 성화의 근원이라고 생각했다.

05_이집트의 형상론자들(Tropici)도 성령을 성부의 피조물로 보고, 히브리서 1장 14절에 나오는 "섬기는 영" 즉 천사라고 주장하였다.

06_이에 반대하여 아타나시우스(Athansius)와 카파도키아의 세 교부들은 성부와 성자와 성령은 한 신적 본질을 공유한다며 성경적 증거(마 28:19-20)를 제시하였다. 그래서 381년 콘스탄티노플 신조에는 "주이시며 생명을 주시는 성령을 믿으니, 그는 성부로부터 나오시고 성부와 성자와 함께 예배와 영광을 받으시며, 예언자를 통하여 말씀하셨으니"라고 확정하였다.

07_5세기에 서방교회가 독자적인 성령론을 가지게 된 것은 어거스틴의 공헌이었다. 어거스틴은 "성자는 성부로부터 출생했지만(begotten), 성령은 성부로부터 성자를 통하여 나오셨다(procession)"라는 〈이중출원론〉을 주장하였다. 즉, 요

한복음 2장 20절에 근거하여 성령은 성자로부터 발출한 것
이라고 강조하였다. 이 설명은 서방교회가 성령의 신적본질
을 이해하는 표준이 되었다.

08_13세기에 피오레의 요아킴(Joachim)은 삼위일체를 역사의
3세대로 연결하여 해석했는데, 성자시대는 1260년에 끝나
고 이어서 성령시대에는 인류구원과 교회갱신이 성취될 것으
로 믿었다. 또한, 성령시대에는 성령이 사람을 신적 존재로
만들어 성령에 동참하게 한다고 주장하므로 제4차 라테란회
의(1215)에서 신비주의자 이단으로 정죄되었다.

09_16세기 종교개혁 시대는 성경에 기록된 1세기의 신앙과 실
천을 회복하려는 열망이 가득하여 성령의 초자연적 역사의
재현을 바랐다. 16세기의 독일의 급진적인 재세례파와 17
세기 프랑스의 위그노들과 얀센주의에서 드물게 나타났다.
그런데 퀘이커운동으로 불리는 재세례파인 레이든의 존
(John of Leiden)은 독일의 뮌스터의 군주가 되어 "새 예루
살렘"이라 선포하고, 전쟁 중 혼수상태에서 깨어나더니 한
사람 이상의 아내들을 가질 수 있다고 예언하여 군중의 소요
가 발생하였다. 결국, 그는 화형에 처해지고 말았다. 이 뮌
스터의 타락 이후로 독일 개신교는 예언사역을 거부하게 되
었다.

10_이 신령주의는 종교개혁의 중심이었던 성경 대신에 주관적인
성령체험 혹은 인간의 영이 말씀의 판단기준이 된다고 주장
하였다. 조지 윌리엄스는 꿈과 환상을 강조하며 임박한 천년

왕국을 주장하여 토마스 뮌쩌에게 영향을 주었다. 발렌틴 바이겔은 인간 안에 신이 존재한다고 믿었고, 모든 지혜는 인간의 영으로부터 나온다는 야콥 뵈메에게 영향을 주었다. 야콥 뵈메는 직접적이고 경험적인 신적 계시를 강조했다. 심지어 니클라스는 인간이 점점 신이 된다고 주장했다. 스웨덴의 신령주의자인 스웨덴버그는 영적 세계를 출입하며 계시를 받고 있는데, 천국에서도 부부간의 사랑이 존재하며 1757년에 재림과 심판이 영적으로 실현되었다고 주장했다. 이런 신령주의자들의 문제점은 신비주의로서 성령을 통한 내적인 빛의 내림 체험이 결정적인 것이라고 주장한 것이다.

11_20세기에 왜곡된 성령운동은 빈야드운동이었다. 이 운동은 퀘이커 신앙에 영향 받은 존 윔버가 시작했는데, 복음적 설교보다 "표적과 기사"를 통해 하나님의 능력을 드러내고, 그것을 위한 간증과 기적의 행사를 성령의 직접적 역사라고 강조하였다. 이들의 모임에는 몸의 진동과 떨림, 뒤로 넘어지는 현상, 술 취한 듯한 행동, 웃거나 흐느껴 우는 현상, 장시간 열렬한 찬송 등이 나타났다. 이런 극단적이고 열광적인 체험중심의 성령운동으로 인해 성경의 증거본문들이 판단기준이 되어야 함을 재인식하게 되었다.

12_이런 체험중심의 성령운동은 21세기에 이르러 신사도개혁운동을 낳았다. 이 운동은 지금도 하나님의 직접계시를 받는 사도들이 존재하며, 이 시대는 성령시대로서 성경에 기록되지 않은 각종 초월적 은사들(꿈, 방언, 입신, 천국과 지옥 체

험, 환상, 예언 등)을 하나님이 부어주신다고 주장했다. 이 운동은 사이비 종교체험을 성령운동으로 오해하게 만드는 극단적인 열광주의 성령운동으로 보인다.

■ 0506 역사에 나타난 구원론의 이단

01_초기 교부들은 구원을 얻으려면 "하나님께 회개하고 주 예수 그리스도를 믿어야 한다"라고 신약성경에 일치하게 가르쳤다. 그런데 율법을 지키고 계명을 준수해야만 구원 받을 수 있다는 율법주의(Legalism)가 등장했다. 이미 사도시대에도 할례를 받아야 이방인이 구원을 받는다는 사람들이 있었다(갈 5:3; 행 10, 11장). 유대인들은 율법준수를 선택받은 백성의 표준으로 삼았다. 그 결과 율법의 문자가 율법의 정신에 우선하고, 율법이 없는 이방인에게는 교만이 되었다. 구약 예언자들은 이런 율법주의 태도를 신랄하게 비판했다. 신약시대의 서기관이나 바리새파 사람들은 장로들의 유전까지도 율법으로 여겼다. 이런 율법주의는 자기자랑에 빠지고, 십자가를 무효화시키고, 사람에게 두려움을 심어주고, 결과적으로 사람을 속박한다.

02_첫째, 에비온파(Ebionism)는 초대교회에 존재하던 율법주의 이단이다. 그들은 모든 신자들은 할례를 받고 모세의 율법을 지켜야 한다고 주장하고, 예수님도 율법을 완전히 지킴으로써 메시아로 택하심 받았다고 주장했다.

03_둘째, 영지주의(Gnosticism)는 하늘의 직접계시와 사색을

통해 얻어지는 '영적 지식'를 받게 될 소수의 사람만 구원 받는다고 주장했다. 이들의 대표자는 케린투스와 말시온이었다. 이방철학에 배경을 둔 이들의 등장으로 초기교회는 '신앙의 표준'(regula fidei)을 제정하였다.

04_율법폐기론(Antinomianism, 도덕무용론, 반율법주의)은 16세기 루터에 의해 붙여진 이름이다. 이것은 구원받은 것은 은혜에 의한 것이지 행위나 도덕적 노력에 의한 것이 아니므로 구원받은 사람은 도덕적 의무나 원리들로부터 자유롭다는 주장이다. ① 일반적 율법폐기론은 하나님의 은혜는 용서로 나타나는데, 어떤 죄를 짓든지 사람들이 바라는 대로 살아가도록 허락하신다는 탈 율법주의 사상이다. 오늘의 구원파와 같다. 근친상간의 죄를 범하고도 통회하지 않는 고린도교회 교인들(고전 5:1-6), 니골라당(계 2:2,15)과 발람의 교훈을 따르는 자들(계 2:14)이나 이세벨을 용납했던 자들(계 2:20)이다. ② 영지주의적 율법폐기론은 육체를 열등한 신인 조물주의 악의 산물로서 경시하여 엄격한 고행생활을 하거나 반대로 타락한 행동으로 육체를 파괴하는 것도 정당하다고 생각하였다.

05_4세기 시리아, 메소포타미아 그리고 아르메니아 등지에서 번창했던 신비적 종파인 메잘린파는 원죄로 인해 모든 사람의 영혼에 악마가 들어 있기에 끊임없는 기도로 물리친다고 주장했다. 난잡한 금욕생활, 구걸행각, 무차별한 남녀혼숙, 그리고 악령에 대한 기도 등으로 431년 에베소회의에서 정죄 받았다.

06_율법주의가 율법의 준수를 구원의 조건이라고 보았다면 반율법주의는 믿음으로 구원받고 은혜 아래 있으므로 행위가 불필요하다고 주장했다. 특히, 갈라디안주의(Galatian-ism)는 믿음으로 구원 받지만 구원받은 이후에는 율법을 순종하여 지켜야만 구원에 이른다고 주장했다. 결국, 은혜와 율법을 혼합하는 자들인데, 그리스도의 구원사역은 불완전한 것이고 율법의 도움을 받아야 구원이 완성된다는 주장이다. 이것은 성령의 은혜로 율법에서 해방된 성도에게 다시 율법의 멍에를 씌우려는 속임수이다(갈 3:3).

07_4세기에 등장한 펠라기우스는 인간의 능력을 긍정하였다. 아담의 원죄가 후손에게 영향을 끼치지 않았으므로 자연적 인간은 하나님의 율법을 행할 수 있고, 하나님이 인정하실만한 업적을 쌓을 수 있으며, 그러므로 인간의 노력에 의해 구원에 이를 수 있다는 것이다. 이 주장은 431년 에베소회의에서 이단설로 정죄되었다. 초기 교부인 어거스틴은 펠라기우스의 견해를 배격하여 아담의 원죄는 유전되고, 모든 인간은 어떤 선도 행할 수 없는 전적인 부패 아래에 있으며, 구원이란 인간의 부패한 의지로는 얻을 수 없고 오직 값없이 주시는 하나님의 은총에 의해 주어진다고 강조하였다(엡 2:8-9; 롬 3;24-25). 이섯이 정통교회의 입장을 대변하였다. 그런데, 인간의 노력 위에 하나님의 도움이 협력한다는 준 펠라기우스주의(semi pelagian)가 타협적 입장이 등장했다.

08_종교개혁 이후에 구교와 신교의 일치를 위해 모였던 트렌트

회의(1545-1563)에서 로마가톨릭교회의 구원관이 정리되었다. 아담의 원죄는 모든 사람에게 영향을 주었지만, 이미 충족은혜를 받은 인간은 구원에 협동할 수 있으며, 오직 믿음으로만(Sola Fide)이 아니라 선한 행위를 통해 구원을 완성한다고 강조하였다. 이런 과정을 거쳐 가톨릭교회는 "믿음으로만 의롭게 된다"(롬 1:17)는 성경의 구원론에서 벗어났다. 또한, 13세기의 공덕축적설(잉여공로설)에 근거하여 '행위와 공로에 의한 구원'을 주장하면서 조상들이 겪을 연옥의 고통을 사면할 면죄부 판매를 인정하고, 교회가 저장하고 있는 은혜의 성례를 통해 신자들에게 전달한다고 주장하며, 구원의 중보자를 예수 그리스도 외에도 성모 마리아, 그리고 순교성인들에게까지 확장하는 비 복음적인 교회의 전통(성경보다 높은 교회의 권위를 주장함)을 수립했다.

09_20세기에 등장한 종교다원주의는 다른 종교들도 예수 그리스도와 같은 역할을 하는 메시아가 있다는 이단사상이다. 기독교는 절대적인 최고의 종교가 아니라 종교들 중의 하나라는 것이다. 예수 그리스도는 분명히 구원의 길이지만, 유일한 길은 아니다. 다른 종교에도 구원의 길이 있고 구원의 진리가 있을 수 있다고 믿는다. 그러므로 종교다원주의는 예수 그리스도를 믿음으로써 의롭다함을 얻는 성경의 구원론을 부인한다. 일찍이 루터는 이신칭의 교리를 교회의 존폐가 달린 교리라고 강조하였다.

■ 0507 역사에 나타난 교회론의 이단

01_교회론 이단은 그리스도의 몸인 교회의 일치를 깨뜨리고 분열을 가져오는(아가 2:10-17; 고전 3:16-17) 독선적인 교회론 때문에 발생한다. 초기교회는 외적으로 로마제국의 박해에 직면하고, 내적으로는 이단의 등장으로 위기를 맞이하자 교회의 일치를 위해 '사도적 전승'을 이어받은 '감독의 권위'를 강조하였다. 그래서 3세기에 키프리아누스(Cyprianus)는 "감독이 인도하는 교회 밖에 있다면 구원을 상실한다"고 주장하였다.

02_2-3세기 교회의 세속화와 부패를 비판하며 일어난 분파들이 있었다. 첫째, 156년에 몬타누스파는 당시의 교회가 초대교회의 역동성과 성령의 능력을 상실했다고 보고, 감독중심의 교회가 아닌 성령의 인도를 받는 교회를 주장했다. 156년 요한복음 14장에 약속된 성령시대가 도래했고, 성령의 직접계시나 황홀경, 예언, 환상, 방언을 강조하며, 자신이 성령의 대변자라는 급진적 주장을 펼쳤다. 심지어, 두 여성의 예언사역과 리더십을 인정한 것과 177년에 하늘의 예루살렘이 자신들에게 임할 것이라는 예언을 공교회는 받아들이지 않았다. 결국, 381년 콘스탄티노플 회의에서 이단으로 정죄되었다. 이들은 교회개혁에서 출발하였으나 결국은 은사 신비주의로 기울어지고 말았다.

03_둘째, 249년 로마의 데키우스 황제가 로마의 신들에게 희생물을 바치고 황제의 신상에 분향할 것을 강요할 때, 기독교

신앙을 버린 배교자들에게 엄격한 입장을 보인 노바티아누스파가 있었다. 251년, 유화적 입장이던 코르넬리우스가 교황이 되자 입장을 바꾸어 배교를 회개하는 고백자들이 사면확인서를 발급받는 것을 반대했다. 그는 정통교리 옹호자였으나 정치적으로는 이단이 되었다, 258년, 교황 발레리우스에 의해 처형당했다.

04_셋째, 배교한 지도자의 회복과 성례집행 권한에 대해 엄격한 기준을 제시한 도나투스파가 있었다. 251년, 로마감독 코르넬리우스가 배교자들을 일정기간 참회기간을 거친 후 다시 교회로 받아들이고, 키프리아누스도 회개하면 교회가 용납해야 한다고 말하자 도나투스는 "배교자를 쉽게 받아들이는 것은 교회의 순결과 거룩을 더럽히는 것이고, 그들은 목사안수나 세례와 성찬을 집행할 자격이 없다"며 강력 반대했다. 303년, 디오클레티아누스 황제의 박해 때에도 성경을 넘겨주고 기독교를 부인했던 감독이 칼타고의 주교 내정자에게 안수를 주자, 배교자가 안수한 성직임명은 무효라고 선언했다. 그러자 아우구스티누스는 교회의 순결보다 일치가 우선이고, 성례는 안수행위자의 공로가 아닌 오직 예수 그리스도의 공로에 의존한다고 반격했다. 451년, 로마황제는 도나투스파를 이단으로 정죄했다.

05_중세교회 이단은 플라톤주의(영과 육의 대립을 강조함) 성향을 보였다. 첫째, 성경에서 물질을 언급한 부분을 삭제하고, 금욕주의를 강조하며, 가톨릭교회의 체계를 거부하고, 4성

례만을 주장한 카타리파가 있었다. 이들은 최고단계의 성령을 받으라 가르치고, 매일 성찬식을 거행하며, 가톨릭의 화체설을 거절하므로 이단으로 낙인 찍혀 소멸된 급진적 개혁운동이었다.

06_둘째, 동유럽의 발칸지역에서 마니교의 영향을 받은 보고밀파(하나님의 사랑하는 자라는 뜻의 불가리아 말)가 있었다. 이들은 세상과 인간은 사탄이 만들었고, 영혼은 하나님이 창조했으며, 진정한 성도라면 결혼, 육식, 포도주를 금하고 재산을 포기할 것을 강조했다. 교회의 성례, 조직, 성상숭배를 거부하는 극단적인 주장을 하였다. 1110년, 로마가톨릭교회는 이들을 이단자로 처형하였다.

07_성경적인 교회개혁을 부르짖다가 정죄 받은 단체도 있었다. 셋째, 프랑스 리용의 부유한 상인 왈도가 회심을 경험한 후 세속적 소유를 포기하고 청빈한 삶과 선교의 삶을 살기로 결심하며 전개한 왈도파 개혁운동이다. 그는 마태복음 19장 21절을 읽고 감동받아 신약의 교회를 회복하자며 1177년 '리용의 가난한 사람들'이란 단체를 조직했다. 구원은 유아세례로 얻는 것이 아니고, 성만찬도 주님의 죽으심과 부활을 기념할 뿐이며, 십자가 숭배나 성모 마리아, 성인숭배 등은 모누 우상숭배라고 주장했다. 모든 가톨릭교회의 축일들과 절기, 기도문들은 성경에 없는 인간이 만든 것이고, 교황은 천국의 문을 열고 닫을 수 없으며, 연옥이나 죽은 자를 위한 미사도 비성경적이라고 주장했다. 1184년, 교황은 왈도파

를 이단으로 정죄했다. 이후에 등장한 위클리프파나 후스파도 동일한 교회개혁운동이었다.

08_1517년 10월 31일, 루터는 교황의 면죄부판매를 반대하는 95개 조항의 반박문을 비텐베르크 대학교회 정문에 붙이므로 종교개혁의 시대를 열었다. 루터는 면죄부 판매, 교황수위권, 연옥설, 성인과 마리아 숭배, 고해성사 등이 비성경적인 가르침이라 주장하였고, 세례와 성찬의 신비설(화체설)도 거부하였다. 그리고 인쇄술의 발명에 힘입어 금서가 되었던 성경을 번역하여 누구라도 읽게 하므로 무지와 미신으로부터 신자들을 각성케 하였다. 1521년, 로마가톨릭교회는 루터를 이단으로 정죄하고 파문하였다.

09_이 시기에 급진적인 종교개혁 운동인 재침례파가 일어나 정통교회의 교의를 반대하고, 유아세례와 신비적 성만찬을 부인하며, 교회에 대한 국가의 간섭을 배제하므로 가톨릭교회는 이들도 이단으로 정죄하였다.

10_현대에 있어서 교회론의 이단은 첫째, 후기성도의 교회(몰몬교)는 세례요한이 죽은 후 1830년까지의 교회만 유효하고, 그 이후는 자신들의 성례만 유효하다고 주장했다. 매 주일 3회 이상 성찬에 참여하지 않으면 문책 받는다. 8세 이상의 몰몬교인은 6과의 기초공부를 마친 후 반드시 침례를 받아야한다. 그들은 죽은 친척에게도 세례를 베푼다. 술, 담배, 커피, 홍차를 마시지 말아야 하고 안식일을 지켜야 한다.

11_둘째, 제7일안식일예수재림교(안식교)는 스스로를 마지막

때의 '남은 자 교회'(Remnant Church)로 믿는다. 계시록 12장 17절에 근거하여 '남은 자'로 주장하면서 토요안식일 (출 20:8)의 계명을 지켜야만 구원받고, 예언의 영이 창시자 인 화이트 여사를 통해 전달된다고 주장하며, 자신들이 말세 의 참 교회라고 강조한다. 세례는 그리스도를 구주로 믿는 기본적인 신앙고백 외에도 제7일 안식일과 예언의 영과 남은 교회와 십일조 등의 신앙고백을 요구하며, 세례는 침수례를 원칙으로 한다.

12_셋째, 여호와의 증인(Jehovah's Witnesses)은 기존 교회 의 신도들을 악마의 추종자로 규정하며, 자신들만이 하나님 의 선택을 받은 14만 4천명(계 14:1-5)에 속하며, 천국에 서 그리스도와 함께 통치한다고 주장한다. 국가와 교회의 관 계를 단절하고, 국방의 의무를 거부하여 사회문제를 일으키 는 배타적 이단이다.

■ 0508 역사에 나타난 종말론의 이단

01_유대인들은 메시아 대망을 따라 70년과 132년에 로마로부 터 독립투쟁을 전개했다. 반면에 흩어진 그리스도인들은 무 장봉기 없이 천년왕국을 기다렸다. 초기 교부들인 이그나티 우스, 저스틴, 이레니우스, 터툴리안, 히폴리투스 등은 계시 록 20:1-21:5을 문자적으로 해석하여 천년왕국 신앙을 주 장했다. 특히, 오리겐은 천년기를 영적으로 해석한 최초의 사람이었다. 328년에 로마가 기독교를 국교로 삼으면서 천

년왕국 신앙은 거부되었다. 아우구스티누스는 계시록을 상
징으로 해석하면서 천년왕국을 그리스도에 의해 실현된 하나
님의 도성으로 강조했다.

02_아우구스티누스는 천년왕국 대신 연옥설(Purgatory)을 제
안했다. 431년, 에베소공회의는 천년왕국 신앙을 정죄하였
으나 천년왕국설은 비밀리 민간으로 확산되었다.

03_12세기부터 16세기까지 철장으로 원수를 제압하고 하나님
나라를 세운다며 무력을 사용하는 천년왕국 운동이 잇달아
일어났다. 1110년경 탄쉘름(Tanshelm)은 성직자를 매도
하고 교회를 공격하며, 십일조 바치는 것을 비난하며, 검소
한 수도사 복장을 하고 야외에서 설교하였다. 세력이 확산되
자 자기가 성령을 소유했으며, 하나님이라고 선언했다. 매주
향연을 배설하여 천국잔치라 부르며 학살을 자행하다 한 사
제에 의해 살해되었다.

04_13세기 천년왕국설은 요아킴(Joachim)이 주장했는데, 그
는 역사를 성부, 성자, 성령시대로 구분하고 그 시대를 성령
시대라 선언하고 자신의 주장이야말로 '영원한 복음'이라고
주장했다. 그런데, 독일에서는 프리드리히 2세를 메시아로
생각하기도 했다.

05_한편, 중세는 고행과 순교로 신앙을 증명하려고 했다. 그런
데, 보헤미아의 후스파는 타락한 도시를 불태워 정화하려고
하였고, 사회평등을 추구하는 천년왕국 운동을 전개했는데,
이 사상이 독일로 침투되어 1502년 칼을 사용해서라도 천년

왕국을 실현해야 한다는 토마스 뮌처의 무장 농민운동이 발생하였다. 이러한 폭력적 천년왕국 운동은 1534년에 막을 내렸다.

06_루터와 칼빈은 연옥설을 거부하고 천년왕국 신앙도 배격하였다. 1530년 아우그스부르크 신앙고백 17조에 천년왕국설을 유대인의 견해라며 배격하였다. 칼빈은 천년왕국을 "광신자들의 겁박하는 말"로 간주하고, 그리스도의 다스리심을 천년으로 한정할 수 없다고 강조하였다.

07_종교개혁 이후 유럽에서 계몽주의가 발현되어 도덕적 종말론이 등장했다. 그러나 루터교에서 발생한 경건주의 운동은 개인의 종말보다 역사의 종말에 더 관심을 보이며 천년왕국 신앙을 강조하였다. 경건주의자 벵겔은 특히 천년왕국을 강조하였고, 18세기 영국의 웨슬리에게 영향을 주었다. 19세기 자유주의 신학이 계몽주의처럼 도덕적 종말론을 주장했다면, 20세기 현대신학자들은 관념적인 종말론이었다.

08_21세기 종말론은 종말의 날짜와 장소를 예언하는 임박한 시한부종말론, 프리메이슨과 일루미나티, 바코드, 베리칩 해석 등의 음모론과 그리고 신부운동, 요엘의 군대, 씨앗세대, 예루살렘의 회복, 집단그리스도를 강조하는 신사도운동 등이 나타났다. 이들은 19세기 성공회 신부인 존 다비와 플리머스형제단이 "문자적 성경해석, 역사의 일곱 세대 구분, 이스라엘과 교회의 구분, 휴거와 7년 대환란" 등을 강조하던 〈세대주의 종말론〉에 영향을 받았다. 극단적 세대주의는 "계

시록의 666, 적그리스도, 짐승, 열 뿔, 음녀에 대한 특이한
해석, 다니엘서의 70이레와 2300주야 그리고 3년 반에 대
한 자의적인 해석, 그리고 예루살렘 회복이나 특별한 징조를
들어 임박한 종말을 주장"하여 구원파와 지방교회, 다미선교
회 등의 이단이 파생되었다.

■ 0509 한국교회 역사에 나타난 이단들

01_1920-30년대, 이단의 발생

한국교회 초기에 이단은 자유주의 성서해석, 신비주의 신앙
의 문제로 발생했다. 첫째, 자유주의 성서해석인데 1916년
황해도의 김장호 목사는 이스라엘 백성의 홍해 건넘을 바닷
물의 간조현상으로, 오병이어의 기적은 자기 도시락을 제공
한 한 소년의 행동에 감동한 사람들의 이야기로, 예수님이 물
위를 걸으신 것은 바닷가를 거닐 때의 그림자로 해석했다.
1918년, 황해노회는 그를 이단으로 정죄하므로 한국교회 최
초의 이단정죄 사건이 되었다. 1930년대에 적극신앙단의 인
간중심 신앙선언이 장로교회 신조에 위배되고, 김춘배 목사
와 김영주 목사의 글도 성경무오성을 믿는 장로교회 신조를
위반한 것이며, 고등비평을 활용한 〈아빙돈성경주석〉을 길
선주 목사는 이단서로 정죄하였다. 1935년, 일본 유학파인
최태용 목사는 무교회주의자로서 복음교회를 세웠으나 예수
그리스도가 다 나타나신 것이 아니라고 주장해 영지주의자로
배격되었다.

둘째, 초월적인 신체험을 강조한 신비주의인데 1927년, 원산감리교회의 유명화는 자신에게 예수가 친림했다고 주장하며 한준명 목사와 예수강신극을 벌였다. 1930년, 평양신학교를 졸업한 백남주 목사, 감리교의 이호빈, 이용도 목사 등이 가담하여 '예수교회'를 창립하였다. 이들은 원산파로 부른다. 1931년 장로교 황해노회는 이용도목사 집회에 금족령을 내렸고, 1933년에 이단으로 정죄했다.

1933년, 황국주는 백일기도 후 "자신의 목은 예수님의 목이고, 피도 예수의 피, 마음도 예수의 마음으로서 모두 예수화하였다"고 주장했다. 자신이 예수의 영이 접신하여 예수이고 하나님이므로 자신과 동침하여야 참 자녀가 된다고 영체교환 교리를 주장했다. 그는 "예루살렘순례단"을 이끌고 남녀가 혼숙하며 서울에 와 삼각산에 기도원을 세웠다.

1923년에 평북 철산의 장로교 권사 김성도는 입신 중 예수님이 "죄의 뿌리는 음란이며 재림예수는 육신을 가진 인간으로서 한반도에 온다"고 말했다고 주장했다. 그녀의 신비체험 소문이 퍼지자 1925년 장로교회는 출교처분을 내렸다. 이들은 철산파 혹은 새주파로 불린다.

02_1940-50년대, 이단의 뿌리

한국교회 이단의 원류는 해방 이후에 나타났다. 첫째, 1945년에 원산파의 제자인 김백문이 경기도 파주에 이스라엘수도원을 세워 문선명(혈통교환 교리)과 정득은(성혈전수 혼음, 대성심수도원), 그리고 박태선(지상천국 건설, 신앙촌)을 제자로 받아들여 신비주의 사상을 전수하였다. 1958년, 김백문이 저술한 〈기독교근본원리〉는 '타락원리'를 근거로 에덴동산의 원죄는 타락한 천사의 개입이며, "과실을 따먹음"이란 육체의 혈육에 영향을 준 것이고, 20세기는 할례와 세례 대신 '체례'를 통해 거룩한 피로 교환한다는 영체교환 교리를 주장했다.

둘째, 1946년에 나운몽 장로가 한국전쟁 때 입신, 방언, 신유 등 신비체험을 한 후 용문산기도원을 중심으로 부흥운동에 나섰다. 1952년, 대구집회를 시작으로 심령부흥을 일으키다가 기도원이 커지자 감리교를 이탈하고, 1979년에 애향숙 산하의 교회를 규합하여 새 교단을 창설하였다. 그는 '한울님'을 성경의 '하나님'과 동일시하는 혼합주의를 주장했다.

셋째, 통일교의 문선명은 1935년에 예수가 꿈속에 나타나 미완성한 지상천국 건설의 사명을 자신에게 맡겼다고 주장했다. 1940년경, 예수교회 계열의 명수대교회에서 이호빈, 박재봉 목사의 설교에 감화를 받고 '신앙의 오묘한 뜻'을 깨달았다고 한다. 1946년, 평양에서 신령파 신자들과 광야교회를 개척하여 "하늘의 음성을 듣고, 환상을 보고, 몽시를 보고, 방언을 하고, 예언을 하는" 신비주의 집단이 되었다. 1954년, 서울에서 '세계기독교통일신령협회'를 설립했다. 그는 "인간의 책임분담인 지상천국 건설"을 위해 1959년부터 군납업체를 경영하며 부를 축적하였다.

넷째, 전도관의 박태선은 성결교의 이성봉 목사 집회에서 성령의 불을 체험하고 열성신자가 되었다. 1948년, 김백문과 정득은을 만나 피가름 교리와 두 감람나무, 두 촛대 사상을 전수받았고, 신인합일 교리를 배웠다. 그는 정득은과 결별한 후 6.25전쟁 중 "온 몸의 더러운 피가 소변을 통해 나오고 옆 구리와 손발로 흐르는 예수의 피를 받아먹었다"고 주장했다. 1953년, 창동교회에 출석하다 용문산의 나운몽 장로와 변계단 권사가 인도하는 신유집회에 참석하여 자신도 중풍병자와 앉은뱅이를 치료하였다. 1955년, 신유집회 강사로 나선 그의 집회에는 각종 신비한 현상들이 나타났다. 1957년, 소사에 신앙촌을 건설했다. 그러나 혼음과 폭행치사 및 신비주의 문제로 1955년 한국기독교연합회(NCC)가 이단으로, 1976년 소속교단이 이단으로 제명했다.

03_1960-70년대, 이단의 확산

1960년대 신흥종교에 대한 부정적 여론에 의해 이단사이비 활동이 위축되었다. 그럼에도 불구하고 1969년 기독교계 신흥종교는 25개로 증가했다. 1960년대에 알려진 단체로는 노광공의 동방교, 목사인 양도천이 세운 세계일가공회, 이유성(이뢰자)이 계룡산에 세운 여호와새일수도원, 18세의 유재열을 중심으로 한 장막성전 등이었다. 이 당시에는 수도원이나 기도원이 활동의 중심지였다. 또한, 1970년대에 들어 대학가에서 증산도와 같은 한국의 신흥종교가 활기를 띠고, 통일교의 원리연구회와 정명석의 애천교회 동아리들이 대학생 포교에 적극적이었다. 1976년, 당시에 기독교계 이단종파는 무려 40개나 되었다.

특히, 과천에서 전도관과 쌍벽을 이루던 장막성전은 고등학생 유재열이 창설했다. 1964년, 장막성전은 말세의 비밀교리를 가르치던 호생기도원의 김종규가 문란한 생활을 하자 이탈한 신비주의 집단이었다. 1966년, 유재열이 입신 중 두 루마리를 먹는 신비체험을 했는데, 1달 후 과천의 청계산에 증거장막을 만들어 6개월간 집단 기도생활을 하며 동맥을 잘라 피로 언약을 맺고 각자에게 '영명'을 부여했다. 유재열의 부친은 "스룹바벨", 유재열은 "임마누엘"이었다. 신천지 교주 이만희도 "어린 양"이요 "보혜사 성령"을 자처하던 유재열의 제자였다.

04_1980-90년대, 이단의 분파

1980년대에 기존 이단종파들에서 파생되거나 새 교리를 내세운 이단사이비들이 우후죽순처럼 등장하여 혼란이 가중되었다. 1990년대는 시한부종말론을 주장하던 다미선교회의 실패, 감리교신학대학 교수들의 자유주의 신학 문제, 국제종교문제연구소의 탁명환 목사 피살 등의 사건이 발생했다.

통일교 계열은 JMS(정명석), 생령교회, 청수교회, 생수교회, 구세영우회, 통일원리파, 우주신령학회 등이었고, 전도관 계열은 기독교에덴성회(이영수). 호생기도원(김종규), 장막성전(유재열), 천국복음전도회(구인회), 재창조교회(백남봉), 영생교(조희성), 신천지(이만희) 등이었다. 이외에도 1987년, 31명의 신도 집단자살로 알려진 오대양변사사건으로 널리 알려진 구원파(권신찬, 이요한, 박옥수), 신비주의 환상체험을 강조하던 만민중앙성결교회(이재록), 하나님은 남자와 여자라는 안식교 분파인 하나님의교회안상홍증인회(안상홍, 장길자), 귀신을 추방하는 것이 구원이라는 베뢰아(김기동) 등이 주요 이단으로 등장했다. 1990년대에는 50여 개의 이단사이비들이 있었다.

특히, 1984년에 장막성전의 이탈자인 이만희가 신천지를 설립하여 자신이 실상계시이며 "보혜사 성령"이요 "이긴 자"로서 종말의 계시(심판과 구원)를 성취한다고 주장했다. 1990년 방배동에 무료신학원을 세워 포교한 이후 〈추수꾼전략〉과 〈산옮기기전략〉으로 기존교회에 침투하여 거짓말(모략) 포교를 전개하고 있다. 신천지는 통일교, 전도관, 장막성전 등의 교리들을 짜깁기하여 성경을 영적 비유로만 억지해석을 하였다.

이후 2000년대에 이르러 외국유입 이단들이 있는데, 중국에서 건너 온 전능신교는 여자 그리스도를 재림주로 주장하며 신자들을 미혹하고, 일본의 신흥종교 천리교의 일파인 한국창가학회(남묘호랭계교, SGI)는 주술종교로서 신자들이 경계할 대상이다. 또한, 미국에서 시작된 빈야드운동과 신사도개혁운동은 은사숭심, 사도직의 독점, 직접계시 및 예언사역의 활성화로 인해 무속적 신비주의와 종교 혼합주의로 이해될 위험한 영성운동으로 주목받고 있다.

■ 0510 한국교회 이단의 특성

01_한국교회 이단들은 동양사상인 음양오행설(우주의 원리는 음과 양의 조화)과 풍수지리설(음양오행에 따른 땅의 이치), 도교의 도참사상(신인감응, 미래점복)이나 비결예언서(미륵이나 정도령 예언) 등에 기초하여 성경과 기독교교리를 해석하는 〈종교 혼합주의〉이다. 통일교와 전도관, 그리고 신천지의 혼합교리는 음양이원론에 바탕을 두어 성경을 해석한다. 그래서 태극문양을 기독교교리에 접목하거나, 신선사상을 도입하여 인간을 신인합일의 존재로 만들고, 『정감록』 혹은 『격암유록』의 말세예언을 한국에 적용하여 한국 땅이 지상천국이요 메시아는 한국인이라고 주장한다. 더 나아가 무속적 신령사상을 받아들여 불신자의 사후의 영이 귀신이라는 베뢰아와 모든 불행을 조상 탓으로 돌리는 가계저주론이 등장했다.

02_한국교회 이단들은 한국인의 심성에 있는 샤머니즘의 영향으로 현세의 부귀영화를 추구하면서 질병이나 재앙을 피하고 복을 받으려는 길흉화복에 집착하는 〈현세 기복주의〉이다. 샤머니즘에서 복을 비는 대상은 귀신이나 조상신들이고, 복의 내용도 현세적이고 물질적인 것이다. 한국교회 이단은 사회적 책임이나 이웃에 대한 사랑보다 이기적인 복에 매달려 기독교를 미신화하고 물질숭배를 초래하며 신앙을 왜곡하였다.

03_한국교회 이단은 신비한 표적과 기사를 앞세워 주술적 호기심을 자극하고, 황홀경에 빠지게 하며, 심신이 병약한 사람들을 유인하고, 현실도피를 조장하며, 빗나간 열심을 가지므

로 무인격 무의식 탈사회 현상을 초래하는 〈열광적 신비주의〉이다. 1920년대 이후 원산의 유명화나 철산의 김성도, 그리고 이들과 관계를 유지하던 예수교회 등이 신비주의 운동에 몰두하였다. 해방 이후 남한 지역에 신비주의 신앙이 확산되면서 통일교와 전도관, 그리고 용문산기도원이 등장하였다. 교주들은 투시, 예언, 안찰, 안수, 방언, 통역, 진동, 축귀, 환상, 치병, 몽시, 입신 등 신비능력의 행사를 자랑한다. 특히, 치병능력은 대중에게 매력적이며, 미래의 예언으로 금품요구나 심신을 통제한다.

04_한국교회 이단은 과학과 이성에 호소하는 자유주의 신학을 받아들여 성서의 권위를 부인하고 정통적 해석에서 이탈한 〈신학적 자유주의〉가 있다. 초기 한국교회는 해외 유학파를 중심으로 소위 과학이나 진화론 혹은 이성이나 합리주의에 기초한 소위 신신학을 수용했다. 이 외에도 죄와 질병과 사망은 환상이고 심리요법으로 질병이 치유된다는 크리스천싸이언스, 성경은 오류가 가득하고 비과학적이며 신화들로 가득하다는 통일교, 인간의 타락을 파동현상으로 해석하는 정명석 등이 있다. 또한, 정통신학계 안에도 예수의 부활이 역사적인 사실임을 거부하고, 또는 예수만이 유일한 구원의 길임을 부인하는 신학자들이 서구 자유주의 신학의 영향으로 나타났다.

05_한국교회 이단은 불교의 미륵불 사상이나 극락사상의 영향을 받았고, 극단적 세대주의의 영향으로 임박한 재림의 날짜와

장소를 계시하는 〈시한부종말론〉을 주장한다. 재림의 시기에 대해 다미선교회는 1992년 10월 28일 0시에 주님이 공중재림하시고 성도는 휴거한다고 주장하여 큰 물의를 일으켰다. 종말의 징조로는 1980년대 이후 인터넷, 바코드, 베리칩과 같은 식별기호가 666논란의 핵심으로 부상했고, 케냐의 데이비드 오어 목사는 2011년 대규모의 한국전쟁이 발발한다고 예언했으며, 재미교포인 홍혜선 전도사도 2014년 12월 14일에 한국전쟁이 발발하여 종말이 임한다고 주장하여 일부 신자들이 외국으로 피신하는 해프닝도 벌어졌다.

그렇다면, 한국교회에 이단들이 흥행하는 이유는 무엇 때문일까? 첫째, 이단이 증가하는 원인은 성경지식이 결핍되고 교리적 확신이 약화된 까닭이다. 둘째, 한국교회 지도자들의 도덕성이 추락하면서 더욱 증가추세에 있다. 셋째, 정통교회의 이단에 대한 경계심이 약화되거나 느슨해지면서 횡행하고 있다. 넷째, 목회가 '성공'과 '돈'이라는 세속적 가치에 예속되면서 사회적 공신력이 추락했기 때문이다. 다섯째로 정통교회가 공동체 의식이 약화되고 이기적인 모습을 보이기 때문이다. 마지막으로 순진한 영혼들을 빼앗으려는 사단의 계략이 배후에 있다.

A Manual of the Judgement on Heresies

성결교회 이단판정 규범집

이단판정과
해제 매뉴얼

06

교리적 분별

06 교리적 분별

■ 0601 성경(계시)론의 이단

01_새로운 직통계시가 있다고 주장한다(히 1:1-2; 갈 1:8-9).

02_성경은 불완전하여 이를 보완하는 계시서와 해석서가 있다고 주장한다.

03_성경을 인간의 창작물로 깎아 내린다(딤후 3:16, 자유주의 신학).

04_성경에 기록되지 않은 신비체험들을 주장한다(신사도운동, 빈야드운동 등).

05_성경 66권의 정경을 벗어난 외경이나 위경을 중시한다(자유주의신학).

06_성경의 예언이 자신을 가리킨다고 주장한다(하나님의교회 등).

07_감추어진 영적 비밀이 있는데 자신만 깨달았다고 주장한다(구원파, 신천지 등).

08_성경에 근거하지 않은 교리(교황무오설, 마리아론, 피뿌림 등)를 주장한다.

09_성경은 영적인 비유로 풀이해야 한다고 주장한다(신천지).

10_구약과 신약의 통일성을 부정한다(안식교, 하나님의교회 등).

11_구약의 율법에 대한 순종을 구원의 조건으로 제시한다(안식 교).

12_성경본문을 더하거나 삭제한다(계 22:18).

13_성경을 영육의 이원론적 관점으로 해석한다(영지주의).

14_성경에 기록된 부활을 영적으로 해석한다(딤후 2:18).

15_수천 년 봉인된 성경이 자신에게서 개봉되었다고 주장한다 (신천지 등).

■ 성결교회의 성경계시론

우리 교회의 경전은 성경전서 곧 구약과 신약이니 이 경전은 하나님의 계시를 받은 자들이 영감에 의하여 기록한 것인즉 이는 하나님의 말씀 됨을 믿나니 성경은 모든 사람을 구원하기에 넉넉하므로 무릇 성경에 근거하지 않은 신학설이나 여하한 신비설이나 체험담은 신빙할 수 없으며 이런 것을 신앙의 조건으로 하거나 구원의 필요로 함을 배격한다. (헌법 제1장 제5조 1항)

■ 0602 삼위일체론의 이단

01_삼위의 하나님을 각각의 3신으로 주장한다(삼신론).

02_삼위 하나님을 모두 한 분이신 성부 하나님의 가시적 현현(한 분 하나님의 나타남)으로 본다(양태론).

03_삼위 하나님이 나오시는 순서에 따라 우열관계로 종속시킨다 (종속설).

04_로고스를 하나님이 아닌 하나님의 이성으로 본다(로고스주의, 신사도운동).

05_구약에서 하나님이 인간으로 현현하신 것을 근거로 인간이 본래 신이었다고 소급하여 주장한다(몰몬교 등).

06_성자의 이름인 예수가 근본 하나님의 이름이었다고 주장한다(베뢰아, 다락방 등).

07_예수님을 천사 중의 하나 혹은 천사의 피조물로 주장한다(초대교회 이단, 여호와증인).

08_한 분이신 하나님을 남성과 여성으로 분리시켜 불완전한, 상대적 존재로 격하시킨다(하나님의교회).

09_피조물을 하나님과 동격으로 삼으려고 시도한다(신격화이단).

10_자연이 우주적인 신이며, 인간은 신의 일부라고 주장한다(범신론, 뉴에이지).

■ 성결교회의 삼위일체 하나님

하나님은 우주에 유일무이하신 신이시니 유형무형의 만물을 한결같이 창조하시고 통치하시며 보호하시며 섭리하신다. 진실하시고 영생하시어 권능과 지혜와 인자하심이 한이 없으시다. 이 하나님의 일체 안에 동일한 본질과 권능과 영생으로 되신 삼위가 있으시니 곧 성부와 성자와 성신이시다. (헌법 제2장 제14조 1항)

■ 0603 인간론의 이단

01_인간은 아담의 원죄와는 상관없이 완전하다(펠라기우스주의).

02_원죄란 인간과 천사와의 성적 타락을 의미한다(통일교, 기독교복음선교회).

03_인간을 영, 혼, 육으로 분리된 주체로 이해한다(지방교회 등).

04_육체를 지나치게 죄악시하고 영혼만 중시한다(금욕적 영지주의).

05_사람이 죽으면 영혼은 소멸된다(안식교, 지방교회).

06_인간의 육체에 순교자의 영혼이 내려와 합일된다(신천지, 신인합일).

07_사람이 지상에서 죽지 않고 영생불사할 수 있다(영생교, 신천지).

08_인간은 스스로가 도덕적으로 성숙한 존재라고 주장한다(자유주의신학).

09_사람을 피조물이 아닌 신으로 높인다(통일교, 전도관, 하나님의교회, 전능신교 등).

10_인간은 죄인이 아니라 이미 의인이 되었다고 주장한다(구원파).

11_사람은 하나님이 창조하신 것이 아니라 자연 진화의 결과로 주장한다(진화론, 자유주의신학).

■ 성결교회의 인간론

아담의 범죄로 그 자손 된 전 인류에게 유전된 부패성을 가리킴이니 성경에 이를 육이라 하였으며 인류는 이 성질로 인하여 항상 죄악에 기울어지는 것이다. (헌법 제2장 제15조)

■ 0604 그리스도론의 이단

01_예수님은 마리아와 요셉의 친아들에 불과하다고 주장한다(에비온주의).

02_예수님은 영체이지 육체를 입을 수 없다고 주장한다(영지주의, 가현설).

03_세례 받을 때에 하나님의 아들과 메시아 신분으로 높여졌다(양자설).

04_성자이신 예수님은 피조물에 불과하다(아리우스주의).

05_예수님은 천사들 중의 하나이다(몰몬교, 여호와의증인 등).

06_하늘의 로고스가 인간 예수의 영의 자리에 내려왔다(아폴리나리우스).

07_예수님 안에 하늘의 로고스와 인성이 도덕적으로만 결합되어 있는 두 본성을 가진다(네스토리우스)

08_예수님은 인성이 신성을 흡수하여 단일 본성을 가진다(유티케스, 단성론)

09_예수님은 동정녀 마리아의 사생아이다(다빈치코드 등).

10_예수님 대신에 성모 마리아를 더 주목하게 한다(로마가톨릭교회).

11_예수님의 부활을 부인한다(역사적예수학파, 자유주의신학 등).

12_예수님의 십자가 고난과 승리를 부정한다(통일교).

13_자신이 재림 예수라고 주장한다(신천지, 각종 이단들).

14_예수를 신의 정신으로 충만한 지상의 인간이라고 주장한다

(현대신학).

15_예수님을 윤리적 이상 혹은 정치 선동가로 주장한다(현대
신학).

성자 예수는 성부 하나님의 말씀이니 곧 영원하시고 진실하신 하나님의 말씀
이시며 성부와 일체이시다. 성령으로 잉태되어 동정녀 마리아에게서 낳으심으로
일신一身에 완전하신 신성을 가지셨나니 이 두 가지 성품은 결코 분리할 수 없
다. 그러므로 참 하나님이시고 참 사람이신 그리스도께서 십자가에 못 박혀 죽으
시고 장사하였으며 이것으로 하나님과 사람 사이에 화목제물이 되사 인류의 자
범죄를 사하시며 유전해 내려오는 원죄까지 속하시고 부활하신 그 몸대로 승천
하셨다. (헌법 제2장 제14조 2항)

■ O6O5 성령론의 이단

01_성령은 성부와 동일한 본질이 아니다(아리우스주의).

02_성령을 피조물 혹은 천사로 주장한다(트로피키, 베뢰아 등).

03_성령을 인격적 실체가 아니라 물질적 에너지라고 주장한다
(마술사시몬, 소시니우스주의, 은사신비주의).

04_예수의 영이 자신에게 임하여 자신이 보혜사 성령이라고 주
장한다(몬타누스, 박태선, 유재열, 이만희 등).

05_성령의 신비체험, 표적과 기사(입신, 꿈, 환상, 천국과 지옥
경험, 금이빨, 금가루, 쓰러짐, 거룩한 웃음 등)를 중시한다
(은사신비주의, 신사도운동).

06_성령의 열매인 성품변화를 소홀히 한다.

07_깊은 침묵가운데 성령의 내적인 빛의 내림체험을 중시한다 (신령주의).

08_하나님의 음성을 듣는 훈련을 주장한다.

09_귀신(영)의 종류를 구분하고 대적기도와 저주선포를 강조한다(신사도운동, 은사주의 등).

10_내적치유를 위해 가계의 저주 등의 심리적 접근을 강조한다.

■ 성결교회의 성령론

성령은 성부와 성자와 동일한 신이시니 그 본체와 능력의 위엄과 영광이 성부와 성자로 더불어 동일하시며 영원하신 하나님이시다. 그는 삼위일체의 하나님의 뜻을 실행하시는 이로서 세상에 보냄을 입어 죄와 의와 심판으로 세상을 책망하시며 보혜사로서 신자를 가르치시며 인도하시며 능력을 주시사 영혼을 강건케 하시며 교회를 거룩하게 하시는 신이시다. (헌법 제2장 제14조 3항)

■ O6O6 구원론의 이단

01_안식일이나 절기, 특정의례를 구원의 조건으로 강조한다(율법주의, 안식교, 하나님의교회 등).

02_율법의 가치와 역할을 부인하는 율법무용론(구원파, 김성수 목사 등)

03_하나님의 구원하시는 은총을 왜곡시키는 가계저주론을 주장한다(이윤호목사, 무속신앙, 신사도운동, 내적치유운동 등)

04_아담의 원죄는 후손에게 영향을 주지 않고 인간은 스스로 선을 행할 능력을 가지고 있다고 주장한다(펠라기우스주의, 인

본주의 등).

05_이신칭의의 구원의 도리를 훼손하거나 부정한다(변승우 목
사, 구원파 등)

06_믿음 외에 행위와 공로에 의한 구원을 강조한다(로마가톨릭
교회 등)

■ 성결교회의 구원론

하나님께서 타락한 인류의 구원을 위하여 그 독생자 예수 그리스도를 값없이
주셨으니 누구든지 저를 믿음으로 중생하여 선을 행하는 하나님의 친 백성이 될
수 있다. 그러나 인간에게는 의지의 자유가 있으므로 1차의 은혜를 받은 자라도
타락할 수 있은즉 성신의 도우심을 힘입어 이 영원한 은총을 끝까지 향유하는 것
이다. (헌법 제2장 제16조 자유의지 항목)

■ 0607 교회성례론의 이단

01_교황을 중심한 유일한 교회론을 주장한다(로마가톨릭교회).

02_특정한 인물을 하나님의 대리자 혹은 사도로 높인다(로마교
회, 신사도운동 등).

03_자신들의 공동체에 지상천국이 임했다고 주장한다(신천지,
여호와증인, 시한부종말집단 등).

04_자신들이 계시록의 구원내상인 14만 4천 명에 속한다고 주
장한다(안식교, 여호와증인, 신천지 등).

05_세례의 방식으로 침수례만 구원을 받는다고 주장한다(문자
주의, 재침례파).

06_7성례가 천국에 이르는 계단이라고 주장한다(로마가톨릭교회).

07_연옥을 강조하거나 죽은 자를 위한 세례를 베푼다(로마가톨릭교회).

08_성모 마리아와 성인들, 그리고 성상을 숭배한다.

09_성만찬의 빵과 포도즙이 실제로 그리스도의 몸과 피가 된다고 주장한다.

10_자신들이 말세의 참 교회라고 주장한다(지방교회, 신천지 등).

■ 성결교회의 교회성례

교회는 하나님께 부르심을 입어 예수를 구주로 믿는 성도들의 집합체로 곧 그리스도의 몸이다. 은혜로 말미암아 구속 받은 신자들이 모여 예배하며 성례전을 거행하며 복음을 전파하며 거룩한 신부의 자격으로 재림의 주를 대망하는 거룩한 공회이다. (헌법 제1장 제2조 1항)

■ 0608 종말론의 이단

01_개인의 종말에 있어서 영혼의 불멸을 인정하지 않는다(지방교회, 안식교, 여호와증인 등).

02_사후 영혼이 연옥에 들어가 남은 죄를 정화받아야 한다(로마가톨릭교회).

03_재림의 징조와 특정 사건이나 사물에 지나치게 집착한다(데비드 오어, 해롤드 캠핑, 홍혜선, 이장림의 다미선교회, 베리칩 등).

04_종말에 하나님은 예수님 대신에 대리자요 시대사명자를 보내신다고 주장한다(통일교, 신천지, 하나님의교회, 지방교회 등).

05_재림의 날짜를 계산하고 임박한 종말을 예언한다(여호와증인, 안식교, 하나님의교회, 신천지, 시한부종말론 등).

06_종말의 장소(재림장소, 지상천국)를 주장한다(천부교, 통일교, 신천지 등).

07_자기 공동체는 최후심판을 면한다고 주장한다(천부교, 통일교, 신천지, 하나님의교회, 영생교, 몰몬교, 여호와증인 등).

08_예수님은 이미 영적으로 재림했다고 주장한다(여호와증인, 하나님의교회 등).

■ 성결교회의 종말론

부활 승천하신 예수께서 승천하시던 그 몸대로 다시 오시는 일이니 친히 천년시대 이전에 재림이 절박함을 믿으며 생각지 않을 때에 주께서 공중에 오셔서 성도를 영접하실 때 구원 받은 성도들은 휴거되어 어린양 혼인잔치에 참여한 후 심판의 주께서 성도들과 함께 지상에 강림하심으로 거짓 그리스도가 멸망하고 천년왕국을 건설한다. (헌법 제2장 제20조)

■ 0609 정통교리의 요약

01_신구약 66권으로 이루어진 성경은 유일무이하고 정확무오한 하나님의 최종적이고 완전한 계시의 말씀으로 믿는다.

02_성부 성자 성령의 삼위일체이신 하나님을 믿는다.

03_하나님의 형상을 따라 지음 받은 인류는 첫 사람 아담의 범죄로 영향을 받아 마음이 부패하여 스스로 선을 행할 수 없는 죄인인 것을 믿는다.

04_참 하나님이시고 참 인간이신 구세주 예수 그리스도께서 십자가를 통해 이루신 구속사역이 완전하고 충분하며 영원한 것임을 믿는다.

05_부활하신 예수님이 약속하신 성령님의 존재를 믿으며 개인과 교회에 대한 성령님의 사역을 믿는다.

06_누구든지 예수 그리스도를 믿고 영접하면 죄 사함과 구원을 받는 것을 믿는다.

07_교회는 하나님의 부르심을 입어 예수를 구주로 믿는 성도들의 거룩한 공동체로서 그리스도의 몸인 것을 믿는다.

08_예수 그리스도의 재림의 때와 장소는 성부 하나님 외에는 그 누구도 알 수 없다는 것을 믿는다.

성결교회 이단판정 규범집

A Manual of the Judgement on Heresies

이단판정과 해제 매뉴얼

07

이단의 해제

07 이단의 해제

A Manual of the Judgement on Heresies

■ 0701 해제의 근거

01_성서의 명령 :

"서로 사랑하라"(요 13:34-35)는 성서의 명령에 따라 진실하게 회심하고이단에서 벗어나기를 원하는 자에게는 사랑의 계명에 입각하여 회복의 기회를 제공하고 한 형제로 받아들여야 한다.

02_교회의 필요 :

"그리스도의 한 몸을 이루는 지체"(고전 12:27) 됨을 앞세우는 영적 연합의 정신에 따라 영적 전쟁에 집중하기 위하여 연합의 장애물들을 제거한 후에 받아들여야 한다.

03_사회적 요구 :

"형제와 동거함이 어찌 그리 아름다운고"(시 133:1)라고 말씀하였으니 진실하게 회심하고 이단에서 벗어나기를 원하는 자들은 사회통합의 아름다운 모델이 되도록 받아들여야 한다.

■ 0702 해제의 기준

이단의 해제는 다음의 기준을 반드시 지켜야 한다.

01_복음진리를 확증하고 영혼을 살리는데 역점을 두어야 한다.

02_합법적 절차를 거쳐 공정하게 진행을 해야 한다.

03_확실한 증거를 가지고 판단을 해야 한다.

04_성경의 가르침에 비추어 판단을 해야 한다.

05_변호할 기회를 충분히 보장하며 절차에 따라 진행해야 한다.

06_이단을 판단할 능력을 갖춘 전문연구자를 통해 검증해야 한다.

07_정치세력의 개입은 배제하고 독립적이어야 한다.

① 당사자와의 혈연, 지연, 학연을 가진 위원은 배제한다.

② 당사자나 제3자의 개별적인 청탁이나 금품수수를 배격한다.

③ 상위 기관이나 관계자의 간섭을 배제한다.

08_〈이단해제 심사위원회〉를 구성하되 정직과 신뢰를 갖춘 이단 대책 전문인으로 구성한다.

09_이단해제 심사위원은 위원장 1인, 이단사이비대책위원 전원, 교단총무, 외부 전문가 2인(신학교수, 이단연구전문가)으로 한다.

10_이단해제는 이단해제 심사위원회의 심사를 통과한 후, 총회 임원회에 상정하여 결의하고, 이를 총회가 승인한다.

■ 0703 해제의 원리

01_교리수정의 원리 :

문제시 되었던 교리에 대한 수정의 의도를 명확히 밝히고, 그

이유와 동기를 제시해야 한다.

02_회심선언의 원리 :

교리의 전환과 태도의 변화를 명료하게 표현하고 인격적이고 진정성 있는 공개적인 회심선언이 필요하다.

03_공동합의의 원리 :

해제가 필요함에 동의하는 공동체의 합의절차를 거친 후에 인정한다.

04_숙려기간의 원리 :

해제가 논의된 이후 일정기간(최소한 1년 이상) 변화의 진정성을 살핀 후에 공동체의 명의로 이단해제를 공개 선언해야 한다.

■ 0704 해제의 절차

이단의 해제는 이단을 판정한 단체가 해제를 결정할 권한이 있다는 결자해지(結者解之)의 원칙에 따라 이단으로부터 회심한 자가 〈총회 이단사이비대책위원회〉에 재심을 청구하면, 공청회와 자숙기간을 거친 후 〈총회 이단해제심사위원회〉가 심사하여 해제를 결정하고 총회 임원회와 교단총회에 상정 승인을 받아 해제를 선포한다.

01_재심 청구 :

진실로 회심하여 이단정죄로부터 벗어나려면 회심자가 총회 이단사이비대책위원회에 〈재심청구〉를 하여야 한다.

02_재심 자격 :

재심청구자는 변화를 입증할만한 증거와 사실에 동의하는 해당교회 평신도의 동의서를 받아 재심청구서에 첨부하고, 이단사이비대책위원회가 요구하는 일정한 〈회복교육〉을 거쳐야 한다.

03_재심 서류 :

재심청구서, 청구사유서, 교리선언서, 소속증명서, 소속신자 동의서, 신앙간증서, 결과동의서 등의 서류를 제출해야 한다.

04_재심 과정 :

재심의 과정은 3차의 단계를 진행하게 되는데,

○ 1차는 심사신청 서류와 현황점검 자료에 대한 〈소위원회의 연구〉를 거친 후 해제사유가 인정되면 〈공청회〉를 실시하고,

○ 2차는 공청회를 통해 사상전환이 명백하다고 인정되면 최소한 1년 이상의 〈자숙기간〉을 두어 진정성을 살핀 후,

○ 3차는 총회 차원의 〈이단해제 심사위원회〉를 조직하여 심사와 토론을 거친 후 재석 2/3 이상으로 해제를 결정하면, 총회 임원회에 상정하여 결의하고, 최종적으로 교단총회에 상정하여 승인 받은 후 교단명의로 〈해제선언〉을 한다.

05_해제 이후 :

이단해제가 선언 된 개인이나 단체에 대한 해벌 및 복권을 명시한 공고문을 교단지 등에 게재하여 이를 교단과 교계에 알리고, 일정기간 돌아보아야 한다.

A Manual of the Judgement on Heresies

성결교회 이단판정 규범집

이단판정과 해제 매뉴얼

08

이단판정 목록

08 이단판정 목록

● 이단목록 등재의 원칙

1. 본 교단 이단사이비대책위원회의 이단판정 결과를 기준으로 한다.

2. 한국교회의 대표 연합기관의 이단목록에 준하여 정리한다.

3. 정통교회에 속한 각 교단의 이단목록들을 참고한다.

4. 이단 연구단체의 이단목록(현대종교, 기독교포털뉴스 등)을 참고한다.

■ 0801 기독교대한성결교회 이단판정 목록

연번	관련교회 및 단체	총회	연도	결의내용
1	제7일안식일예수재림교회 (엘렌 G.화이트)		1936	이명직목사는 「안식일에 과연 구원이 있느뇨」 라는 책자를 발행하여 전국교회에 회람교육함.
2	용문산기도원 (나운몽)		1956	이단성
3	익산주현교회 (이교부)	34회	1979	이단성
4	통일교(문선명)	40회 45회	1985 1990.1	이단성 및 사이비집단(전국교회 주지공문발송)
5	구원파(권신찬,박옥수,이요한)	40회	1985	이단성 및 사이비집단
6	여호와의 증인, 안식교, 몰몬교	41회	1985	경고 및 경계공문발송

7	영성선교회(박영규, 이선아)	42회	1986	사이비성 집단
8	전도관, 크리스천 사이언스, 여호와 새일교(이유성) 서울중앙교회(김화복, 새일교계)	42회	1986	사이비 집단
9	애천교회(정명석)	43회	1987.7	경계공문 발송
10	새벽별 종말론 연구회 휴거선교회, 감람산기도원	43회 46회	1988.4 1990.10	사이비성 집단 전국교회 주지공문 발송
11	베뢰아 아카데미 (성락침례교회, 김기동)	43회 44회 46회	1987.7 1988 1990.10	경계공문 발송 사이비성 집단 전국교회 주지공문
12	레마선교회	44회 48회 51회	1989.3 1992.12 1996.3	사이비성 집단 이단성에 대한 주지공문 발송 경각심 고취 공문발송
13	밤빌리아 교회	46회	1990.12	이단규정
14	다미선교회 (이장림) 지방교회 (위트니스 리)	46회	1991.	이단성 이단
15	트레스디아스	49회 51회	1993.8 1996.3	참여금지 조치 경각심 고취 공문발송
16	한국예루살렘교회(이초석)	49회	1993.8	이단 사이비집단
17	다락방 전도운동(류광수)	51회 52회	1996.3 1997.1	경각심 고취 공문발송 사이비이단성 규정
18	빈야드운동	53회	1998.7	사이비성
19	예수전도협회(이유빈)	54회	1999.3	경계집단(사이비적 특성)
20	박무수 4단계 회개론	54회	1999.3	이단
21	무료성경신학원 (신천지,이만희)	54회	1999.3	이단
22	새생활영성훈련원	95년차	2001.8	참여금지 공고
23	가계저주론, JMS, 할렐루야 기도원,말씀보존학회, 만민중앙교회 (이재록)	95년차	2001.8	연구결과 책자로 발간
24	예수왕권세계선교회(심재웅)6.97	100년차	2006	이단성
25	하나님의 교회 안상홍증인회	103년차	2009	이단

26	인천 주님의 교회(김용두)	103년차	2009	신비주의 이단
27	큰믿음교회 (변승우)	106년차	2012	교류 및 집회참여 금지
28	전능신교(전능하신 하나님의 교회, 동방번개파)	107년차	2013	사이비종교

■ 0802 기독교대한성결교회 경계대상

단체명	대표자	주요 교단의 결의	본 교단의 입장
알파코스	알파코리아	합신(2008,2009), 합동(2008), 통합(2009), 기성(2009)	권고(금이빨, 금가루, 가계치유, 신비현상은 배제해야)
신사도개혁운동	왜그너	고신(2009,2011), 합신(2009), 기성(2013)	연구대상(지배신학, 왜곡된 영전전쟁, 무속주의, 기복주의, 예언중심, 신비주의 등)
미국 엠마오 선교교회	예태해	통합(1999,2004), 합동(1994), 기장(1996)	주의(예의주시)

■ 0803 한국교회의 이단 목록

계열	단체명	교주	주요 교단의 결의	본 교단의 입장
통일교	세계평화통일 가정연합	문선명	통합(1971,1989), 대신(2008), 고신(2009), 기성(1982,1990), 기장, 합신, 합동	이단(원죄는 성적타락론, 탕감복귀론, 예수는 실패자 등)
	기독교복음선교회 (JMS)	정명석	고신(1991), 통합(2002), 합동 (2008), 기성(1987,2001), 합신	이단(성적타락론, 통일교리 변형 등)
	평강제일교회(대성교회)	박윤식	기성(1989), 통합(1991), 합동(1996)	이단성(성령론, 아버지론 등의 문제)
	예수교회(유명화, 백남주, 한준명)	이용도 이호빈	통합(1933)	신비주의 이단
	이스라엘수도원	김백문		신비주의 이단
전도관	천부교(전도관)	박태선	KNCC(1955), 통합□합동(1956), 기성(1986)	사이비(자칭 하나님, 동방교리, 십자가 구속 부정,
	영생교(세계연합 승리제단)	조희성	기성(1999), 고신, 합신	이단(신격화, 이슬성신, 영생불사, 예수는 사생아, 교주가 성령)
	할렐루야기도원	김계화	통합(1993), 합동(1996), 고신91991), 기성(2001)	참여금지(신비주의, 성령수술, 영생수 주장)

	신천지예수교 증거장막	이만희	통합(1995), 합동(1995), 기성(1995), 합신(2003), 고신(2005), 대신(2008)	이단(직통계시, 교주신격화, 영생불사, 14만 4천명 구원, 비유풀이, 추수꾼 활동)
	장막성전	유재열		이단성(보혜사 성령, 시한부종말, 신비주의)
	동방교(기독교대 한개혁장로교)	노광공	통합(1956)	이단(강단불허, 집회참석 금지)
	실로암등대 중앙교회	김풍일	통합(2009)	경계(이만희와 유사함, 회개를 기다림)
	한국복음교회	구인회		이단성(장막성전 일파)
	기독교에덴성회	이영수	통합(2011)	이단(전도관 일파)
안식교	제칠일안식일 예수재림교회	화이트	예장총회(1915), 통합(1995), 고신(2009), 기성(1986,1998), 합동,합신	이단(1932년 책자발행, 시한부종 말, 토요안식일 구원, 인간론 등)
	하나님의교회 안상홍증인회	안상홍 장길자	한기총(2000), 통합(2002,2011), 합신(2003), 합동(2008), 고신(2009), 기성(2009)	이단(안식교 계열, 남여 하나님, 안식일 · 절기 구원론, 재림론 등)
	한농복구회(엘리 야복음선교원)	박명호	통합(1991), 기성, 고신, 합동	이단(이신칭의 부인, 예수는 인간, 인간이 신, 교회는 마귀작품)
베뢰아	성락침례교회	김기동	기침(1987), 고신(1991), 합동(1991), 통합(1987,1994), 기성(1987,1994), 합신,기감(1988)	이단(창조론, 이중아담, 귀신론, 계시론, 기독론, 신앙론, 음부론 등)
	한국예루살렘교회	이초석	고신(1991,2009), 통합(1991), 기성(1994), 합신, 합동	이단사이비(귀신론, 예수가 하나 님 이름, 귀신추방, 음부론 등)
	레마선교회(예일 신학대학원대학)	이명범	고신(1992), 통합(1992), 기성(1989,1996), 합신(1992)	이단성(로고스 · 레마 구분, 양태론, 이중아담론, 타락론, 훈련방법)
	부산제일교회	박무수	고신(1999), 기성(1999), 통합(1999)	이단(직통계시, 4단계 회개론, 귀신론, 성경해석 문제)
	다락방전도운동 (예장전도총회)	류광수	고려(1995), 고신(1995,1997), 통합(1996), 합동(1996), 기성(1996,1997), 기침(1997), 기감(1998) 합신(1996)	이단사이비(사단결박권, 천사동 원권, 귀신론, 예수성육 목적 등) 참석자 엄중 처벌함
	그레이스아카데미	한만영	예장한성노회(2005)	면직(베뢰아 귀신론, 생사여탈권, 신비체험)
	산해원 부활의 교회	이태화	고신(1991)	이단(베뢰아 영향)

구원파	기독교복음침례회 (평신도복음선교회)	권신찬	기성(1985), 고신(1991), 통합 (1974,1992), 합동(2008), 합신	이단사이비(구원의 날짜, 깨달음의 구원, 회개부정, 불신자도 의인, 영의 구원 등)
	서울중앙교회(대한예수교침례회)	이요한		
	기쁜소식선교회	박옥수		
	기독교복음침례회	소천섭	통합(1974), 기성(1985)	이단사이비(구원파 동일)
시한부 종말론	다미선교회	이장림	고신(1991), 통합(1991), 기성(1991), 합신	이단(직통계시, 시한부종말, 교회론, 구원론)
	새벽별종말론	공용복	기성(1988,1990)	사이비성(시한부종말, 교회혼란 전국에 알림)
	휴거선교회	김여명	기성(1988)	이단사이비(기독론, 신학문제, 비성경적사상)
	감람산기도원(혜성복지원, 성혜원)	이옥란	기성(1994)	이단사이비(용문산출신, 시한부 종말론 등)
	녹산교회	유자현	합신(2007)	교류참석금지
외국유입집단	예수그리스도후기성도의교회(몰몬교)	스미스	기성(1985), 합신(1995), 고신 (2009), 기장(1985)	이단(삼위일체 부인, 예수의 신성과 십자가 부인, 지옥 부인 등)
	여호와 증인 (왕국회관)	럿셀	기성(1985,1999), 고신(2009), 기장, 합신	이단(교회회복론, 14만4천 구원, 지옥부재)
	크리스챤 싸이언스	에디	기성(1986), 고신, 합동	이단(범신론, 전통교리 부인함)
	뜨레스디아스(TD)		통합(1995,2002), 합동(1993,2006), 고신(1992), 기성(1993,1996)	참여금지(교회내 파당, 천주교 요소 농후, 불건전함, 수정을 요함)
	지방교회(회복교회, 한국복음서원)	위트니스 리	고신(1991), 통합(1991), 기성, 합신, 합동	이단(신론, 기독론, 인간론, 교회론 등)
	빈야드 운동	존 윔버	통합(1996), 고신(1996,2011), 합동(1997), 기성(1998)	사이비성(열광적 신비주의, 비성경적)
	말씀보존학회 (성경침례교회)	이송오	합동(1998), 기성(2001), 통합(2002)	경계집단(개역성경부정, 참교회론, 천국론, 이혼문제 등)
	알파코스	알파 코리아	합신(2008,2009), 합동(2008), 통합(2009), 기성(2009)	권고(복음적 프로그램이나 가계 치유, 신비현상은 배제)
	신사도개혁운동	왜그너	고신(2009,2011), 합신(2009), 기성(2013)	연구대상(지배신학, 왜곡된 영전 전쟁론, 무속주의, 기복주의, 예언중심, 신비주의 등)

국내자 생집단	여호와 새일교	이유성	고신(1998), 기성(1986,1992), 합동	이단(말일복음 주장, 그릇된 성경 해석 등)
	서울중앙교회	김화복	기성	경계대상
	익산 주현교회	이교부	기성	경계대상(교주 신격화, 나체춤 사건)
	아가동산	김기순	기성	경계대상(교주 신격화)
	만민중앙성결교회	이재록	예성(1990), 통합(1999), 합신 (2000), 기성(2001), 고신(2009)	이단성(직통계시와 대언, 교주신 격화, 신비주의, 비복음적 사상)
	세계일가공회	양도천	기성(1969)	이단(범신론적 혼합주의, '신조와 영약'은 이설)
	밤빌리아추수군	이선아	기성(1987,1990), 통합(1990), 고신	이단(신비주의, 영성치료 주장)
	용문산기도원	나운몽	통합(1955,1998), 고신(1968), 기감(1962), 기장(1967), 합동(1976), 기성(1956)	교류금지(정통교리 부정, 단군지 파설, 동방교리, 공자와 석가는 대선지자 등)
	가계저주론 (꿈의축제교회)	이윤호	합신(2001), 기성(2001,2006), 통합(2006)	경계대상(비성경적 사상, 무속적 주술사상)
	예수전도협회	이유빈	합동(1999), 기성(1999), 합신 (2000), 통합(2001), 고신(2004)	경계집단(공개 죄고백, 지나친 교회비판 등)
	새생활영성수련원 (아시아교회)	박철수	합동(2000,2002), 합신(2001), 기성(2001), 통합(2002,2010)	참여금지(직통계시, 성령상담, 인격구분, 귀신론, 비유해석 등)
	미국 엠마오 선교교회	예태해	통합(1999,2004), 합동(1994), 기장(1996)	주의(예의주시)
	서울중앙침례교회	서달석	통합(1993)	참여금지(구원파 동일, 종말주장, 절기 강조)
	예수왕권 세계선교회	심재웅	통합(2005,2008), 합동(2005,2006), 합신(2006), 기성(2006), 고신(2008), 대신(2009)	이단성(성경왜곡, 교주신격화, 극단 신비주의 행태 등)
	주님의 교회	김용두	대신(2009), 합신(2009), 기성(2009)	이단성(극단적 신비주의, 주술적 계시, 성경해석 등)
	큰믿음교회	변승우	고신(2008,2009), 통합(2009), 합동(2009), 백석(2009), 합신(2009), 예성(2012), 기성(2012), 기하성	경계대상(레마구원론, 새계시, 자의적 성서해석, 신사도운동 추종, 신비주의 목회, 비인격적 한국교회 비판 등)
	서울주안교회	수종철	고신(2006), 통합(2012)	이단성(기독론, 신론, 삼위일체 론, 성령론, 종말론에 문제있음)
	화정복된교회	최온유	고신(2004), 합신(2005), 합동(2007)	참여금지(신격화, 직통계시, 세속적 헌금관)
	하나님의비밀을 맡은자	장길섭	통합(2008)	참여금지
	대복기도원	황판금	통합(1993)	사이비집단(기복적 무속신앙, 신비주의 등)

신흥 종파	마음수련원	우희호	통합(2007), 합신(2007)	참여금지(정신수련 아닌 초자연 적 신비주의 운동, 뇌호흡 기체조 단 요가 명상은 유사종교)
	단월드(뇌호흡, 홍익문화협회)	이승헌	합신(2007,2008)	참여금지(단군상건립, 교주의 성 폭행, 종교조직화, 예수님 폄훼 등)
	한국SGI(창가학회, 남묘호렝게교)	이케다		신흥종교(교주 신격화, 주문암송 치유, 주술종교, 일본공명당)
	증산도	강증산		신흥종교(교주신격화, 동방구원 론 등)
	대순진리회	박현경		증산도의 일파(분파들)
	파룬궁	리훙즈		신흥종교(기운동, 종교집단화, 교주의 타락)
	전능신교 (동방번개파)	조유산		중국이단(여자 그리스도, 새 계 시, 성경부정, 양태론적 3시대론)

■ 0804 이단목록 분류번호 부여방법

▶ HE·0501·1995·24 ◀

NO	판정구분	기호	계열구분	기호	판정년도	일련번호	판정사유
01	이단	HE	통일교	01	1957	01	
02	이단성	HE²	안식교	02	1936	02	
03	사이비	PS	베뢰아	03		03	
04	사이비성	PS²	전도관	04		04	
05	경계대상	AL	구원파	05		05	
06	연구대상	SU	시한부종말론	06			
07	해제대상	RE	외국유입	07			
08			국내자생	08			
09			신흥종파	09			
10			기타	10			
범례	■ HE=heresy(이단,이단성) ■ PS=pseudo(사이비,사이비성) ■ AL=Alert(경계대상) ■ SU=Suspicion(연구대상) ■ RE=Release(해제대상)						

■ 실례들

① 이단
HE0602199624
판정구분　계열순차　판정년도　일련번호

② 사이비
PS0805201175
판정구분　계열순차　판정년도　일련번호

③ 경계대상
AL0903201385
판정구분　계열순차　판정년도　일련번호

④ 연구대상
SU1002201685
판정구분　계열순차　판정년도　일련번호

⑤ 해제대상
RE0409201698
판정구분　계열순차　판정년도　일련번호

■ 0805 한국교회의 이단판정 분류목록

2017.02.06

NO	계열	이단목록	교주명	교단	판정년도	판정결과 (분류)	판정사유
01	01 통일교	01_세계평화통일가정연합(통일교)	문선명 한학자	기성	1982 / 1985 / 1990	HE01011982	혈통교환교리,원죄부정, 십자가는실패상징,동방교리,구원론,혼합주의
02		02_기독교복음선교회	정명석	기성	1987 / 2001	HE01021987	왜곡된성경해석,성적타락,신격화,30개론새계시
03		03_평강제일교회	박윤식	기성	1989	HE01031989	성령론,아버지론 문제
04		04_이스라엘수도원	김백문				신비주의, 혈통교환
05		05_예수교회	유명화 이용도				신인합일 신비주의
06		06_수도원	황국주				신인합일 신비주의

No	분류	명칭	인물	교단	연도	코드	내용
07	02 안식교	01_제7일안식일 예수재림교회	엘엔지화이트	기성	1932	HE02011986	안식교관련책자발행
					1986		인간론,구원론,재림론문제
					1998		
08		02_세계복음선교협회 (하나님의교회안상홍증인회)	안상홍 장길자	기성	2009	HE02022009	남녀하나님,토요안식일, 절기구원론,종말시기
09		03_한농복구회 (엘리야복음선교원)	박명호	기성	1991	HE02031991	이신칭의부인,예수는인간,인간이신,교회는마귀작품
10	03 베뢰아	01_성락침례교회 (베뢰아아카데미)	김기동	기성	1987	AL03011987	귀신론,양태론,음부론
					1988	PS03011988	창조론,이중아담론,귀신론계시론,기독론,음부론
					1990		
					1994	HE03011994	참여금지
11		02_한국예루살렘교회	이초석	기성	1994	HE03021994	귀신론,예수가하나님이름,귀신추방,음부론,신비주의
12		03_레마선교회 (예일대학원대학교)	이명범	기성	1989	PS03031989	불건전단체
					1992	HE03031992	이단성책자발행,교류금지
					1996		
13		04_부산제일교회	박무수	기성	1995	HE03041995	직통계시,4단계회개,귀신론,성경해석문제
14		05_다락방전도운동 (예장전도총회)	류광수	기성	1996	AL03051996	사단결박권,천사동원권,귀신론,예수의오신목적
					1997	HE03051997	참석자는특별법처벌함
15		06_그레이스아카데미	한만영	예장	2005	면직	귀신생사여탈권신비체험
16		07_산해원부활의교회	이태화	고신	1991	이단	베뢰아영향
17	04 전도관	01_천부교 예수전도관부흥협회	박태선	기성	1986	HE04011986	신격화,동방교리,십자가구속부정,지상천국(신앙촌)
18		02_영생교승리제단	조희성	기성	1999	HE04021999	신격화,동방교리,영생론
19		03_할렐루야기도원	김계화	기성	2001	HE04032001	비성경적신비주의
20		04_신천지예수교 증거장막성전	이만희	기성	1995	HE04041995	계시론,신론,기독론,구원론,종말론,비유해석론
					1999		
21		05_장막성전	유재열				
22		06_동방교(기독교대한개혁장로회)	노광공	통합	1956	이단성	강단초빙,집회참석금지
23		07_실로암등대중앙교회	김풍일	통합	2009	AL04072009	신천지유사함,회개기다림
24		08_한국복음교회	구인회				장막성전일파
25		09_기독교에덴성회	이영수	통합	2011	HE04092011	전도관일파

26	05 구원파	01_기독교복음침례회 (평신도복음선교회)	권신찬 유병언	기성	1985	HE05011985	구원날짜,깨달음구원, 회개부정,이신칭의부인
27		02_서울중앙교회 (대한예수교침례회)	이요한				
28		03_기쁜소식선교회	박옥수				
29		04_기독교복음침례회	소천섭	기성	1985	HE05041985	구원파와 동일함
30	06 시한부 종말론	01_다미선교회	이장림	기성	1991	HE06011991	직통계시,시한부종말,교 회론,구원론
31		02_새벽별종말론	공용복	기성	1988 1990	PS^x06021988	시한부종말,교회혼란경계
32		03_휴거선교회	김여명	기성	1988	PS06031988	기독론,신학문제,비성경
33		04_감람산기도원 (혜성복지원,성혜원)	이옥란	기성	1994	HE^x06041994	용문산기도원출신,시한 부종말 주장
34		05_녹산교회	유자현	합신	2007		시한부종말,성경해석문제
35	07 외국유 입집단	01_예수그리스도후기 성도의교회(몰몬교)	조셉 스미스	기성	1985	HE07011985	삼위일체부인,예수신성 부인,십자가와지옥부인
36		02_여호와의증인 (왕국회관)	러셀	기성	1985 1999	HE07021985	교회회복론,14만4천구 원,지옥부재
37		03_크리스챤싸이언스	에디	기성	1986	HE07031986	범신론,신앙요법,교리부인
38		04_뜨레스디아스	이명범	기성	1993 1996	AL07041993	교회파당,천주교요소,불 건전하여수정요함
39		05_지방교회(회복교 회,한국복음서원)	위트니스 리	기성			교회론,양태론,기독론, 인간론,구원론
40		06_빈야드운동	좀 웜버	기성	1998	PS^x07061998	열광적신비주의,비성경적
41		07_말씀보존학회 (성경침례교회)	이송오	기성	2001	AL07072001	개역성경부정,참교회론, 천국론,이혼문제
42		08_알파코스	알파 코리아	기성	2009	SU07082009	가계치유,신비체험은조 심
43		09_신사도개혁운동	왜그너	기성	2013	SU07092013	사도권,영적전쟁론,기복 적무속신앙,예언론,신비 주의
44	08 국내자 생집단	01_여호와새일교	이유성 /이뢰자	기성	1986 1992	HE08011986	말일복음,그릇된성경해 석
45		02_서울중앙교회	김화복	기성			여호와새일교일파
46		03_스룹바벨파	김인선	기성			여호와새일교일파
47		04_익산주현교회	이교부	기성	1978	AL08041978	교주신격화,나체춤사건

48		05_아가동산	김기순	기성			교주신격화
49		06_만민중앙성결교회	이재록	기성	2001	HE08062001	직통계시와대언,교주신격화,신비주의,신유복음왜곡
50		07_세계일가공회	양도천	기성	1969	HE08071969	범신론적혼합주의,영약주장,동방교리,한님구원자
51		08_밤빌리아추수꾼	이선아	기성	1987 1990	HE²08081987	4차원영성치료,신비주의
52		09_용문산기도원 (애향숙)	나운몽	기성	1956	HE²08091956	단군자파,동방교리,공자와석가는대선지자,신비체험
53		10_가계저주론 (꿈의축제교회)	이윤호	기성	2001 2006	AL08102001	비복음사상,무속신앙,주술적기복주의
54		11_예수전도협회	이유빈	기성	1999	AL08111999	공개죄고백,교회비판
55		12_새생활영성훈련원 (아시아교회)	박철수	기성	2001	AL08122001	직통계시,성령상담,인격구분,귀신론,비유해석
56		13_미국엠마오선교 교회	예태해	통합			예의주시
57		14_서울중앙침례교회	서달석	통합			구원파유사,종말절기강조
58		15_예수왕권세계선 교회	심재웅 심화실	기성	2006	HE²08152006	성경왜곡,교주신격화,신비주의,성령의불받음
59		16_주님의교회	김용두	기성	2009	HE08162009	주술적계시,천국체험,입신환상주장,왜곡된성경해석
60		17_사랑하는교회 (큰믿음교회)	변승우	기성	2012	AL08172012	초월계시,사도권,예언사역,믿음보다개신비주의
61		18_인터콥선교회	최바울	기성	2013	SU08182013	영적전쟁론,귀신론,신사도운동의심
62		19_서울주안교회	주종철	통합	2002		기독론,삼위일체론,구원론
63		20_화정복된교회	최온유	합신	2005		신격화,직통계시,세속헌금
64		21_하나님의 비밀을 맡은자	장길섭	통합	2008		비기독교,비성경적
65		22_대복기도원	황판금	통합	1993		기복적무속신앙,신비주의
66		23_연세중앙교회	윤석전	합신	2000		베뢰아와유사함

67		01_마음수련원	우희호	통합	2007		초자연신비주의,뇌호흡, 기체조,단요가명상
68		02_단월드(뇌호흡, 홍익문화협회)	이승헌	합신	2007		단군상,교주성폭행,뇌호흡, 예수님비난
69	09 신흥 종파	03_한국SGI(창가학회, 남묘호랭계교)	이케다			천리교일파	교주신격화,주문암송치 유,주술종교,일본공명당
70		04_증산도	강증산				교주신격화,동방구원론,
71		05_대순진리회	박현경				증산도일파
72		06_파룬궁	리홍즈				기운동,종교집단,교주타락
73		07_전능신교 (동방번개파)	조유산 양향빈				여자그리스도,새계시,성 경부정,3시대론

성결교회 이단판정 규범집

이단 판정과
해제 매뉴얼

A Manual of the Judgement on Heresies

09

이단사이비대책위원회
특별법

09 이단사이비대책 특별법

제1장 총 칙

제1조 (명칭) 본 법은 "기독교대한성결교회 이단사이비대책 특별법"이라고 부른다.

제2조 (목적) 본 법은 헌법 제88조 단서규정에 의하여 교인(교역자, 교직자, 평신도)이 이단사이비에 미혹되지 않도록 선도하고 복음의 진리를 수호하게 하며 교회를 정결하게 하기 위하여, 이단사이비 관련자의 처리를 그 목적으로 한다.

제3조 (용어의 규정) 본 법은 이단사이비에 대해 다음과 같이 규정한다.

1. 이단이란 성경과 역사의 정통교리를 변질시키거나 다른 교리를 주장하므로 교회의 하나 됨을 파괴하고 신자들을 미혹하는 사람과 집단을 말한다.

2. 사이비란 이단적 사상에 뿌리를 두고 기독교를 사칭하며 반사회적이고 반윤리적인 행위를 하는 유사 기독교를 말한다.

3. 경계집단이란 교회와 개인의 신앙에 부정적인 영향을

끼칠만한 특이한 교리를 강조하거나 반 기독교적 행위를 하므로 신자들을 미혹할 수 있다고 우려되는 사람이나 집단을 말한다.

제2장 조직과 업무

제4조 (구성과 조직) 이 특별법 내규의 원활한 시행을 위해 교단 총회의 항존부서로 다음과 같이 구성, 조직을 한다.

  1. 구성

    공천부가 선임한 목사 4인, 장로 3인으로 구성한다.

  2. 조직

    위원장 1인, 서기 1인, 위원 1인, 조사위원 2인, 연구위원 2인으로 구성한다.

제5조 (직무) 각 해당 직무는 다음과 같다.

  1. 위원장은 본 위원회를 대표하며 회의를 소집한다.

  2. 서기는 회의록을 작성하며, 모든 자료를 정리하여 보존한다.

  3. 조사위원은 접수된 사건에 대하여 당사자를 면담하여 자료를 수집한다.

  4. 연구위원은 소사위원의 조사를 토대로 하여 성경적이고 신학적인 근거의 타당성을 검토한다.

  5. 위원회의 결의로 총회 임원회의 승인을 받아 전문위원을 위촉할 수 있다.

제6조 (업무) 본 위원회는 이단사이비 집단에 대한 제반 교리강령, 정책, 활동상황 등을 연구하고 이에 대한 자료를 신속히 지교회에 알리기 위하여 다음과 같은 업무를 시행한다.

1. 이단사이비 단체나 개인에 대한 고발사항을 접수하고 조사 연구하고 심의와 판결을 위하여 다음과 같이 이단사이비 규정 절차에 따른다.

    가. 신고접수

    피해사례의 신고, 보고 및 진정은 개별적 또는 지방회에서 위원회에 접수한다.

    나. 조사

    위원장의 의뢰에 따라 조사위원들이 피해 당사자를 면담하고 사례와 정보를 수집한다.

    다. 연구

    최소 1개월(최대 3개월) 이내에 연구위원들이 조사된 자료들을 연구한다.

    라. 결과보고

    1차 이단사이비대책위원회의를 통해 그 연구결과를 8주 이내로 보고한다.

    마. 공개질의

    이를 검토하여 해당 단체나 개인에게 (공증한) 질의서를 보내고 소명자료를 접수한다.

    바. 자료검토

    2차 이단사이비대책위원회의를 통해 소명자료를

검토하고 수용여부를 결의한다.

사. 복귀권고

이단사이비로 규정하는 결의에 따라 정통신앙으로 복귀할 것을 권하는 권고공문을 2회 발송한다.

아. 총회상정

이를 수용하지 않을 시 3차 대책위원회의를 통해 최종 판결문을 작성하여 총회에 상정한다.

자. 경계공문

총회에 결의에 따라 전 교회에 경계공문을 발송하고 성결신문에 판결문을 게재하여 알린다.

차. 자료보존

이 과정은 모두 자료화(문서, 녹취, 영상, 비디오 촬영)로 구별하여 기한을 명기하여 보존한다.

2. 총회산하의 단체와 기관 및 각 교회에 이단사이비 문제에 대해 홍보활동을 하고 세미나와 회의를 계획 집행할 수 있다.

제7조 (권한)

1. 본 위원회는 총회 산하의 단체 및 기관이나 교회와 개인에 대한 이단사이비 집단에 관한 정보를 수집할 수 있으며 이단사이비에 관련이 있는 자료, 통계 및 활동 상황이나 교인들에 관련된 사항을 홍보하며 공개할 수 있다.

2. 본 위원회는 본 교단의 교역자와 교인이 이단사이비 단

체에 관련되거나 사이비를 주장하거나 옹호하는 발언
과 행동을 하는 사실이 알려지면 위원회의 결의로 조사
할 수 있다.

3. 본 위원회는 이단사이비 단체나 개인에 의해서 피해를
입은 당사자나 교회의 고발을 접수하여 그 사실을 조사
연구하고 그 결과에 따라 피해를 입힌 단체나 개인에 대
해 기소 재판 해벌과 복권의 판결을 총회에 보고한다.

제3장 고발접수, 기소, 재판, 해벌과 복권

제8조 (고발) 본 위원회는 다음과 같은 절차를 따라 이단사이비
단체나 개인으로 인한 피해 사항과 고발내용을 접수한다.

1. 직접 고발

이단사이비 단체나 개인으로 인해 피해를 입은 당사자
는 본 위원회에 직접 전언 및 고발을 할 수 있다.

2. 간접 고발

이단사이비 단체나 개인으로 인해 피해를 입은 사실이
알려지면 해당 지방회의 지방회장은 이단사이비대책
위원회 앞으로 공문을 통해 본 위원회에 고발을 할 수
있다.

3. 직접 고발을 접수할 때 위원회에서는 다음의 항목에 해
당하는 자의 고발은 고려하여야 한다.

가. 피고발자에 대한 악감정이 있는 자

나. 성격이 불량한 자

다. 피고발자의 처벌로 인하여 고발자에게 이익을 얻는 자

라. 고발하기를 좋아하는 성격의 소유자

마. 지각이 부족한 자

4. 조사결과 무고의 사실이 드러나도 고발자를 무고죄로 처벌하지 않는다.

5. 전언 및 고발은 육하원칙에 의하여 고발하여야 하며 위원장은 고발을 접수한 후 1주일 이내에 위원회를 소집하여 처리하여야 한다.

6. 조사에 필요한 활동에 대한 지연 및 방해의 사실이 발견될 때에는 즉시 조사를 하여야 한다.

7. 조사할 때에는 전언 및 고발 내용과 소환일자가 명시된 소환장을 발송하여야 한다, 단, 사정에 따라 전화 또는 기타 통신으로도 소환할 수 있다.

제9조 (기소) 본 위원회는 다음과 같이 기소의 절차를 정한다.

1. 조사위원이 조사의 결과에 따라서 기소위원이 되어 기소할 수 있고, 혹은 불기소 결정을 내릴 수 있으나 그 경우에는 위원회의 과반수 동의를 얻어야 한다.

2. 기소위원이 기소할 경우 사실과 증거조사의 결과에 의해 죄가 인정될 때 기소해야 하며 정상이 양호하고 죄과에 대한 혐의가 없다고 인정될 때는 불기소 결정을 내릴 수 있으되 기소 또는 불기소 결정은 전언 및 고발

이 접수된 후 8주 이내에 결정해야 한다.

3. 피고발자가 2회 이상 이유 없이 또는 고의적으로 조사를 거부할 때에는 본 위원회 과반수의 결의로 관련사실을 인정 기소할 수 있다.

4. 기소는 기소장을 위원회에 제출하여야 하며 기소장에는 관련자의 성명, 연령, 주소, 직업, 소속교회, 교직, 죄과에 해당하는 사실, 재판에 대한 출두일자를 명시해야 한다.

5. 기소가 되었을 때 위원회에서는 기소장의 부본을 관련자에게 교부하여 재판에 대한 준비를 하게 하여야 한다.

6. 무고나 불기소 결정이 되었다 해도 피의자가 전언자, 고발자 또는 위원을 상대로 타법에 의한 명예훼손으로 고발할 수 없다.

7. 위원회는 사이비 집단이나 개인의 관한 사항은 총회 산하단체에서 불복 상소한 안건을 접수 처리하며 총회 산하단체, 지교회, 개인이 직접 전언 및 고발도 접수 처리한다.

제10조 (재판)

1. 사건이 기소된 경우에는 위원장 및 서기를 포함한 3인이 재판위원이 되고, 조사위원 2인은 기소위원, 연구위원 2인은 변호위원이 되어 재판하며 12주내에 판결을 해야 한다.

2. 개심이 되면 기소위원이 기소장을 낭독한다.

3. 최종 판결문은 재판위원 합의로 결정 작성하여 위원
장, 서기가 서명 날인하여 본인에게 통보한다.

4. 재판위원회는 1차 불응할 때에 2차 일자를 5일 이내에
통고하여야 하며 2차 계속 불응할 때는 궐석 재판일자
를 통고하고 본 위원회 전체회의 합의로 사건에 대한
사실과 증거를 조사한 후 궐석 재판하여 판결문을 본인
에게 통고하여야 한다.

5. 기소 사건에 관하여 죄과 사실의 증명이 충분할 때에는
그 죄질에 따라 아래와 같은 벌칙을 적용하여 판결을
한다. 단, 본인이 죄과를 시인할 때는 재판위원회 합
의로 즉시 판결할 수 있다.

가. 출교

본 교회에서 제명하고 4년 이내에 복권되지 못한다.

나. 파직

칭호 상실 및 시무직과 권한의 일체, 성찬 참여권
박탈

다. 3년 정직

징계기간동안 모든 권한과 직무 및 성찬 참여권 박탈

라. 1년 정직

징계기간동안 모든 권한과 직무 및 성찬 참여권 박탈

마. 근신

1년 이하의 모든 회원권과 성찬 참여권 정지

6. 재판 과정에서 기소사건에 관하여 그 죄과를 인정할 수

없을 때는 기소를 기각하고 무죄를 선고할 수 있다.

7. 무죄 판결은 위원회 전체회의 합의로 판결하고 그 결과
를 본인에게 통고한다.

8. 기각 및 무죄 선고를 받은 자가 전언 및 고발자에게 비
용을 청구할 수 없으며 사회법에 의한 명예훼손에 소송
도 제기할 수 없다.

제11조 (해벌과 복권)

1. 재판받아 징계 하에 있는 자로서 확실한 회개의 증거
가 있는 자는 본 교단 헌법의 징계법 제24조에 의하
여 해벌 또는 복권할 수 있다.

2. 징계기간이 경과하였다 하여도 회개의 증거가 없는
자는 본 위원회가 재심 연장 처리하며 징계 기간 내에
재범하였을 때는 본 위원회가 가중 처벌할 수 있다.

3. 본 위원회는 해벌된 본인에게 해벌 또는 복권됨을 서
면으로 통지하여야 한다.

제12조 (재판비용)

관련자가 발생할 때는 해당 교회에서 책임을 지며 본 위
원회에 회부된 사건 처결에 대한 모든 비용은 해당 교회
가 부담한다.

제4장 부 칙

제13조 (시행일)

본 법은 공포 즉시 시행한다.

1996년 9월 제90년차 총회 개정

2002년 9월 제96년차 총회 개정

2008년 6월 제102년차 총회 개정

2016년 5월 제110년차 총회 개정